Não deixe para depois o que você pode fazer agora

RITA EMMETT

Não deixe para depois o que você pode fazer agora

2ª edição

SEXTANTE

Publicado com a permissão da Walker & Company.

Tradução • Vera Whately

Preparo de originais • Débora Chaves/ Virginie Leite

Revisão • Sérgio Bellinello Soares

Capa • Silvana Mattievich

Projeto gráfico e diagramação • Marcia Raed

Fotolitos • R.R. Donnelley Mergulhar

Impressão e acabamento • Yangraf Gráfica e Editora Ltda.

CIP-BRASIL. CATALOGAÇÃO-NA-FONTE
SINDICATO NACIONAL DOS EDITORES DE LIVROS, RJ.

E46n Emmett, Rita
Não deixe para depois o que você pode fazer agora / Rita Emmett ; tradução de Vera Maria Whately. – Rio de Janeiro: Sextante, 2003.

Tradução de: The procrastinator's handbook
ISBN 85-7542-067-4

1. Procrastinação.
I. Título.

03-1078. CDD 155.232
CDU 159.947

Editora Sextante / GMT Editores Ltda.
Rua Voluntários da Pátria, 45 – Gr. 1.404 – Botafogo
22270-000 – Rio de Janeiro – RJ
Tel.: (21) 2286-9944 – Fax: (21) 2286-9244
Central de Atendimento: 0800-22-6306
E-mail: atendimento@esextante.com.br
www.sextante.com.br

Para o meu marido e companheiro
de viagem favorito, Bruce Karder, e para nossa
maravilhosa família, constituída de
cinco filhos e quatro noras e genros que nos dão
tanta alegria, inclusive abençoando-nos com sete
netos gloriosos(e também inteligentes, talentosos
e muito mais, mas eu não quero contar vantagem).

Obrigada, meu Deus.

Sumário

Introdução 9

PARTE I

Controlando o Hábito de Deixar Tudo para Depois

1 Enfrentando os medos 15
2 Qual é a sua desculpa? 29
3 Os jogos que as pessoas fazem 41

PARTE II

Por que Nós Protelamos as Coisas?

4 Os medos que nos deixam paralisados 57
5 "Eu quero fazer tudo" 77
6 "Socorro! Eu estou sobrecarregado" 87

PARTE III

Estratégias para Superar a Protelação

7 "Planeje um tempo para planejar!" *105*

8 Arrumando a confusão *113*

9 Dinheiro e bom senso *133*

10 De que os sonhos são feitos *143*

Introdução

VOCÊ É DO TIPO QUE SEMPRE DEIXA PARA DEPOIS coisas realmente importantes? Às vezes sente angústia ou culpa porque não consegue fazer tudo que precisa, ou que quer fazer? Seu hábito de adiar as coisas está enlouquecendo sua família, seus amigos e/ou colegas de trabalho? Saiba que protelar pode causar estresse, doenças e baixa auto-estima. Além do mais, não permite que você atinja suas metas e realize seus sonhos. Para ver se você se encaixa neste perfil, responda às seguintes perguntas:

- Você paga juros sobre contas atrasadas ou cartões de crédito porque protela suas obrigações financeiras de rotina? Em conseqüência disso, gasta tanto para pôr em dia suas contas que nunca consegue uma folga de dinheiro?

- Está sempre planejando voltar a fazer exercícios, iniciar uma dieta ou marcar uma consulta com seu médico ou dentista, mas nunca faz nada disso?

- Sente que está perdendo a batalha contra a confusão instalada na sua mesa de trabalho, na mesa de jantar e nos armários? O caos à sua volta parece criar um caos mental e espiritual, causando desespero, estresse e exaustão?

Você respondeu "sim" a uma ou mais perguntas? Bem, *existe*

esperança. Neste livro, que trata do tema frustrante, fascinante e engraçado da protelação, eu mostrarei como você pode parar de adiar as coisas, tornar-se mais produtivo e desenvolver prioridades que reflitam suas metas e valores pessoais.

Como conferencista profissional, faço apresentações nas quais ensino princípios e estratégias para superar o hábito de protelar. Durante meus seminários sobre "Como Superar a Protelação", percebi que as dúvidas das pessoas giram em torno das mesmas questões: "Protelar é um traço da personalidade?", "É realmente possível deixar de empurrar as coisas com a barriga?".

A protelação não é inerente à personalidade ou ao caráter, mas sim um hábito, uma atitude. Da mesma forma que milhões de pessoas pararam de fumar – embora seja um hábito extremamente difícil de quebrar –, você pode tranqüilamente mudar suas atitudes.

Eu, inclusive, falo do assunto por experiência pessoal, pois usava todas as táticas imagináveis de protelação, que produziam uma culpa incrível. Lembro-me da época em que me casei. Eu cursava a faculdade e trabalhava meio expediente, mas depois que meu filho Robby nasceu decidi interromper os estudos e a carreira para virar mãe e dona-de-casa. Faltava apenas um semestre para terminar a faculdade e eu tinha certeza de que retomaria o curso assim que o bebê crescesse um pouco. Mas, como eu era uma típica proteladora, não fiz nenhuma matéria durante os sete anos em que fiquei em casa cuidando de Robby e da sua irmã menor, Kerry.

Quando voltei a trabalhar, o cargo exigia diploma universitário, mas eu adiei a inscrição e comecei a dar desculpas para meu chefe. Ele me enchia de conselhos, mas a verdade é que eu não fazia nada para melhorar. Um dia, li um livro sobre administração do tempo que explicava que as pessoas deixam as coisas para depois quando estão sobrecarregadas ou quando consideram o trabalho que têm pela frente desagradável. Como eu não achava que fazer algumas matérias durante um semestre fosse me sobrecarregar, nem que a faculdade fosse desagradável, percebi que há outras razões para adiar as coisas, a começar pelo medo.

Eu estava apavorada de voltar a estudar. Percebi que tinha receio de muitas coisas: de fracassar, de ser rejeitada, de parecer boba, de competir com alunos de 19 anos, de descobrir que eu tinha ficado burra, de enfrentar meus filhos se tirasse uma nota ruim, de não encontrar tempo para fazer meus deveres de casa, de deixar meus filhos de lado para ir à faculdade, de me tornar uma péssima mãe. Esses medos tinham uma força imensa e desconhecida, e chegaram a me imobilizar até que eu conseguisse encontrar algumas respostas e, finalmente, continuar minha vida.

Coloquei em prática todos os princípios que vocês lerão neste livro. O resultado foi que, um ano depois, eu consegui meu diploma universitário. Cinco anos depois, além de cuidar da minha família e de trabalhar, terminei meu mestrado. Depois de superar o hábito de postergar as coisas, só o céu é o limite. Hoje, eu me considero uma proteladora em recuperação.

Quando comecei a usar os princípios deste livro, minha única expectativa era conseguir parar de adiar minhas tarefas, obrigações e até mesmo algumas metas. Ao longo dos anos, passei a fazer mudanças cada vez mais substanciais e com isso minha vida inteira mudou. A sua pode mudar também.

Veja como este livro vai ajudar você a:

- compreender e modificar formas improdutivas de pensamento
- identificar seus truques para adiar as coisas
- aplicar técnicas antiprotelação
- desenvolver estratégias para seguir em frente quando sente que está tendo uma recaída
- programar planos pessoais de ação.

Você se reconhecerá nas histórias de pessoas que combateram sua tendência a protelar. Todos os capítulos têm citações inspiradoras e motivadoras. Quando alguma frase específica parecer ter sido criada sob medida para você, copie-a e coloque-a num lugar onde possa ser vista a toda hora.

A seção "Crédito Extra", no final de cada capítulo, ajudará a personalizar as informações, aplicando os princípios do livro à sua vida. Se gosta de responder a questionários e avaliar seu progresso, essa seção é perfeita para você. Se preferir, pode pular os exercícios, mas não deixe de ler todos. Talvez os considere interessantes e até mesmo divertidos.

Se você protela sempre, a maior parte do tempo ou apenas ocasionalmente, este é o livro certo e a hora certa de começar a lê-lo. Vamos começar... agora mesmo!

PARTE I

Controlando o Hábito de Deixar Tudo para Depois

1
Enfrentando os Medos

Lei de Emmett: O medo de realizar uma tarefa consome mais tempo e energia que a própria tarefa.

QUANTO TEMPO, ENERGIA E EMOÇÃO VOCÊ GASTOU sofrendo ou sentindo culpa por ter adiado alguma coisa, para depois acabar descobrindo que a tarefa tomava pouco tempo?

Em um dos meus seminários sobre protelação, um participante chamado David, gerente de vendas e supervisor de cinqüenta e oito vendedores, contou a seguinte história. Ele tinha comprado gravuras com citações motivadoras para decorar os escritórios da nova sede da empresa. Cinco meses depois da mudança, as paredes do departamento continuavam nuas. David alegava não dispor de um dia inteiro só para "decorar o escritório". Ele não queria passar o encargo para os empregados da manutenção, nem para qualquer outra pessoa, porque tinha certeza de que eles não pendurariam as gravuras nos lugares certos e, caso fosse preciso trocá-las, as paredes ficariam marcadas.

Finalmente, cansado das queixas sobre as paredes vazias, David decidiu arranjar tempo, depois do almoço, para pendurar as gravuras. Quando terminou, seu escritório ficou lindo e todos adoraram as inscrições. David ficou chocado ao perceber que sua tarefa – adiada por quase meio ano – tinha sido incrivelmente fácil e havia sido concluída em apenas 47 minutos.

Você também está vivendo em um caos porque não tem idéia de quanto tempo levará para completar algum trabalho? Mesmo que tenha uma vida extremamente ocupada, será que não poderia gastar dois minutos para pendurar suas roupas ou jogá-las no cesto de roupa suja? Se você vive mexendo nas pilhas de papel da sua mesa de trabalho, provavelmente gasta mais tempo mexendo nelas do que gastaria separando os papéis de uma vez por todas – arquivando, processando, reciclando ou jogando fora o que não presta.

Provavelmente, você não se encarrega dessas tarefas porque acha que nunca terá tempo suficiente para elas. O primeiro passo é entender que não terá que gastar todo o final de semana, mas sim algumas horas. O próximo passo inclui o uso de um despertador ou de um *timer* de cozinha. Coloque o relógio – ou o *timer* – para tocar em 60 minutos e dedique uma hora *ininterrupta* ao seu projeto — sem intervalo sequer para um café. Caso precise atender ao telefone, fale com um tom de pressa e diga à pessoa do outro lado da linha que não pode falar no momento, mas que ligará para ela mais tarde.

Caso tenha seguido esse passo a passo, uma das três coisas ocorrerá:

1. Você terminará o trabalho e ficará surpreso de ver que foi tudo muito rápido. No futuro, se tiver medo de começar uma tarefa semelhante, lembre-se de que levou muito pouco tempo para completá-la.

2. Descobrirá que se trata de um projeto tão grande que levará muitas horas para ser terminado, mas que já foi iniciado. Decida quando irá tirar outra hora para continuar a tarefa. Use o *timer* ou o despertador uma vez por dia, ou uma vez por semana. O importante é que agora você tem um plano, já conseguiu alguma coisa. Não ficará mais refém do medo.

3. Uma hora de trabalho duro e você ainda não terminou o trabalho, mas vê a luz no final do túnel. Isso é, provavelmente, o que

ocorrerá. Depois que tomar impulso, não terá vontade de parar. Talvez até goste de seguir em frente para terminar o projeto.

Independentemente de sua produtividade, você aprenderá uma das lições mais importantes para superar a vontade de transferir a tarefa para outro dia: o que você mais receia não é gastar tempo e energia no trabalho, mas simplesmente começá-lo.

O que Você Detesta Fazer

Uma das razões mais óbvias para o constante adiamento de um trabalho é porque é desagradável, o tipo de "trabalho-que-eu-não-gosto-de-fazer". Por exemplo: Terry nunca encontra tempo para fazer a manutenção de rotina do seu carro porque é uma coisa trabalhosa; Deb protela seu plano de fazer ginástica porque os exercícios são chatos; Tomás vive adiando o telefonema para uma cliente sobre seu imposto de renda porque detesta ser portador de más notícias.

Projetos que têm conseqüências a longo prazo são os alvos mais fáceis. Muita gente acredita que pode protelar para sempre seu programa de ginástica – e protela mesmo. Acreditam que nunca terão más conseqüências para sua saúde, mas, com o tempo, acabam pagando o preço com dores nas costas e uma péssima qualidade de vida.

Quase todo mundo deixa para depois os trabalhos que não gosta de fazer. Mas a vida está repleta de tarefas chatas e desagradáveis, que precisam ser realizadas para que não ocorram mais problemas e estresse. Como escreve Scott Peck em seu livro *A Trilha Menos Percorrida*, "A vida é difícil". Se você está procurando um emprego perfeito ou um estilo de vida que irá livrá-lo para sempre de tarefas desagradáveis, pode ter certeza de que não encontrará. Isso não existe. Então, aceite o fato de que, se quiser ser uma pessoa atuante, terá sempre de enfrentar tarefas desagradáveis e chatas.

No dia em que você disser a si próprio "Eu detesto fazer isso, mas tenho de fazer, então é melhor começar logo para ficar livre", evitará muita culpa e estresse e vai se sentir mais feliz do que imaginava. Pode parecer paradoxal, mas incumbir-se de uma tarefa desagradável em geral resulta em conseqüências positivas ou, pelo menos, em um maravilhoso sentimento de satisfação quando o trabalho é concluído. É uma sensação incrível poder dizer que as contas foram pagas, que um telefonema difícil foi dado ou que um projeto foi terminado. Mesmo que seu chefe não note que sua proposta foi entregue antes do prazo, você sabe – e é você quem vai sentir a satisfação.

É surpreendente como tantas sensações agradáveis na vida são precedidas de tarefas chatas. Quando você muda sua atitude e se obriga a executar essas tarefas, descobre um dos principais segredos para evitar a protelação (um segredo que a maioria das pessoas ouve quando é criança): *Faça primeiro o trabalho que não gosta de fazer.*

Jan fundou uma agência de empregos bem-sucedida. Ela seguiu o meu conselho de incumbir-se primeiro das tarefas "chatas" e ficou espantada de ver que isso rapidamente se tornou um hábito. Só não tinha conseguido ainda resolver um problema: detestava dar telefonemas para clientes. O medo e a ansiedade que envolviam o adiamento desses telefonemas a perseguiam. Mesmo à noite, quando se deitava para dormir, ela se culpava mentalmente por não ter feito as ligações.

Recomendei, então, que Jan se livrasse de todos os telefonemas assim que chegasse ao escritório. Ela resistiu, mas concordou em tentar durante três semanas. Reservou várias horas da manhã para telefonar para os clientes, colocou lembretes em cima da sua mesa e enfrentou o compromisso. No final das três semanas de "experiência", tinha criado o hábito de fazer, logo de manhã, as ligações que tanto detestava. Jan se libertou também da angústia e da culpa, e tem tido muito mais sucesso com seus clientes. Com isso, sua agência de emprego tornou-se a mais respeitada da cidade.

De início, é extremamente difícil forçar-se a fazer os trabalhos desagradáveis primeiro, mas em pouco tempo isso se torna um hábito. O truque é perceber que grande parte da protelação é um jogo – um jogo mental – e que você pode usar sua inteligência para mudá-lo. Em vez de pensar em como se sente fazendo o trabalho, pense em como se sentirá quando ele for concluído. Pense nas vantagens. Visualize o alívio e o senso de realização que sentirá assim que terminar tudo.

Não diga para si mesmo: "Como eu sou infeliz, que tristeza, eu detesto fazer isso." Diga: "Vou me sentir muito bem quando terminar esse trabalho." Force sua cabeça e sua imaginação a mudarem o jogo da protelação.

Como Tornar Trabalhos Chatos Mais Divertidos

Você está protelando uma certa tarefa porque ela é chata? O que pode fazer para reduzir a monotonia? Tente ouvir música enquanto trabalha. Sofra menos para conferir seu talão de cheques ou separar sua correspondência, fazendo essas tarefas durante os comerciais de televisão. Converse por telefone com um amigo ou amiga enquanto lava os pratos, dobra as roupas secas, limpa a cozinha ou faz outras tarefas caseiras de rotina. Arranje alguém da família ou um colega para fazer um trabalho chato com você. O tempo voa quando a gente trabalha com outra pessoa.

A diretora de relações públicas de uma grande empresa detestava preparar os pacotes promocionais porque o trabalho era monótono. Hoje, ela e os publicitários trabalham juntos, reunindo, dobrando e acondicionando o material de promoção enquanto discutem suas campanhas publicitárias.

Qual Parte do Trabalho Você Detesta?

Às vezes você protela não por achar o trabalho desagradável, mas porque detesta um aspecto dele. Se for o caso, faça essa parte primeiro. Por exemplo, se você não gosta de escrever um resumo da reunião da diretoria porque fica nervoso quando lida com estatística, tente encontrar uma forma mais conveniente de juntar os números de que precisa em vez de adiar a preparação do resumo todo.

Toda vez que Susan tinha de cuidar da publicidade dos eventos da faculdade em que trabalhava, ela deixava o trabalho para o último minuto, fazendo com que o público só soubesse do evento em cima da hora e a freqüência fosse baixa. Quando analisou o problema, Susan percebeu que não agüentava a atitude arrogante do encarregado do departamento de arte gráfica. Era difícil admitir que ela protelava o projeto *inteiro* só porque não queria interagir com um funcionário. Ela resolveu, então, enfrentar a dificuldade e passou a cuidar do material gráfico no início do dia. Quando se desentende com o encarregado, pede que um colega de trabalho faça o contato com ele.

O truque é identificar qual é o aspecto do seu trabalho que você detesta e usar alguma solução criativa para torná-lo um pouco melhor.

Quais São Seus Pontos Fracos?

Algumas pessoas adiam tudo em suas vidas, mas muitas protelam apenas certos aspectos "problemáticos". Na verdade, só de *pensar* nesses pontos fracos elas sentem ansiedade. Para identificá-los, escreva as tarefas e os trabalhos que lhe dão medo. Podem, inclusive, ser tarefas ocasionais, como fazer a decoração e as compras de Natal, comprar um presente para a sogra, fazer a declaração do imposto de renda.

Helen, representante de vendas, é hoje uma proteladora em recuperação. Ela se saía bem no trabalho, mas sua casa e grande parte da sua vida pessoal eram um caos. Ela nunca lembrava de pagar as contas dentro do vencimento, esquecia compromissos importantes, como a reunião no colégio dos filhos, e nunca arrumava tempo para colocar sua correspondência em dia.

Com o tempo, Helen visualizou uma solução para sua desorganização e seu "esquecimento". Todo artigo sobre administração do tempo que ela lia falava da importância de se ter uma mesa de trabalho. Helen não tinha escritório nem escrivaninha em casa. Percebeu que seu problema era de logística. Seu horror a pagar contas, por exemplo, não estava relacionado com o gasto de dinheiro e sim com falta de organização. Ela não tinha agenda, material de escritório, gavetas para guardar pastas de documentos, contas e talões de cheques.

A decisão de investir numa escrivaninha mudou sua vida. "Que diferença aquela mesa fez!", afirma Helen. "Ela se tornou o centro de controle do gerenciamento da casa. Nela há envelopes, papel de carta, caderno de endereços e telefones, canetas, lápis, apontador, calculadora, tesoura, fitas – todos os confortos da vida." Todos os papéis que viviam empilhados pela casa passaram a ser arquivados. Com isso, Helen não atrasa mais os pagamentos nem perde compromissos.

Dica Rápida

Compre o que for necessário para se organizar e acabar com seus pontos fracos. Às vezes a felicidade é ter uma calculadora ou uma boa agenda.

Larry é um editor de jornal organizado e eficiente, mas tem um ponto fraco: nunca consegue se lembrar de enviar cartões de aniversário e de comprar presentes para a família e os amigos íntimos. E o pior: quando finalmente compra, acaba largando-os em algum canto da casa sem jamais entregá-los. Assim como Helen, Larry não consegue organizar sua vida pessoal. Não sabe administrar seu tempo e acaba deixando que a carreira consuma a maior parte do seu dia. Enquanto não resolve esse problema, ele pode, pelo menos, se organizar para ter os presentes à mão quando tiver uma oportunidade de se encontrar com os parentes e amigos. O ideal é separar uma prateleira no alto do armário para guardá-los. Assim saberá onde encontrá-los quando precisar.

Greg, outro participante do seminário, encontrou uma solução simples para seu problema profissional. Uma de suas tarefas era fazer o acompanhamento de vários projetos, só que ele nunca anotava nada durante as reuniões ou fazia rabiscos ilegíveis em pedaços de papel que acabava perdendo. Muitas vezes ele se esquecia de fazer o acompanhamento de determinado projeto, tinha de dar desculpas para seu gerente e se sentia culpado. Depois de passar por esse constrangimento inúmeras vezes, ele arranjou uma pasta e um bloco para cada projeto e acostumou-se a levá-los para as reuniões. Com tudo escrito, Greg se tornou mais eficiente

Seus pontos fracos podem ser completamente diferentes, mas a idéia é a mesma. Depois que você identificar os aspectos problemáticos, pense nas formas de se organizar ou de criar sistemas para superar essas ciladas de protelação.

O Poder das Recompensas

Outra dica: dê uma recompensa a si próprio, uma coisa de que você realmente goste, e deixe que isso seja sua motivação para terminar rápido trabalhos tediosos ou difíceis. Faça uma lista das coisas que você gostaria de ter ou de fazer e relacione-as aos trabalhos que você vem protelando. Algumas pessoas acham fácil se presentear no final de um projeto. Outras não conseguem pensar em nada que as motive, que lhes dê prazer. Isso ocorre em parte porque acreditam que só têm valor quando são produtivas e trabalham duro.

Se você tiver dificuldade de pensar em recompensas, eu aconselho que comece pensando em pequenas coisas. Não estou falando em férias no Havaí. E sim de ficar de papo para o ar ou fazer alguma coisa com a família ou com os amigos. Se houver um novo filme que você esteja morrendo de vontade de ver, um vídeo ou DVD que deseje alugar, faça força para terminar o trabalho para poder relaxar e aproveitar sua recompensa – sem culpa.

Bob tinha dificuldade de iniciar uma de suas tarefas diárias no escritório de contabilidade onde trabalhava. Toda manhã tinha de fazer uma tabela com os pagamentos e os impostos a serem pagos no dia seguinte e mandá-los para seu supervisor. Era um trabalho de vinte minutos, mas Bob vivia deixando para depois, interrompia a tarefa para cuidar de outros projetos, tomar café ou conversar com os colegas. A tabela ficava incompleta até o final da tarde. Pensar o dia inteiro na obrigação inacabada deixava-o infelicíssimo. Ele descobriu que podia usar o café como arma e adotou a seguinte rotina. Em casa, antes de sair para trabalhar, ele podia beber quanto café quisesse, mas no trabalho só bebia café quando terminava a tabela e a enviava.

No final de um mês, Bob conseguiu completar a tarefa na primeira hora de trabalho. Só então ele bebeu, com imenso prazer, uma deliciosa xícara de café. Depois de alguns meses, preparar logo seu relatório tornou-se um hábito sólido e ele não teve mais de fazer o "jogo da recompensa", embora ainda beba aquela gloriosa primeira xícara de café depois da terrível tabela.

Jennifer contou a seguinte história: ela sempre quis ter um quarto de hóspedes. Mas, quando conseguiu realizar seu sonho, o quarto logo passou a ser uma espécie de depósito de tudo que ficava solto pela casa. Quando um de seus filhos perguntava: "Mãe, onde eu posso guardar isso?", a própria Jennifer respondia: "Que tal lá no quarto de hóspedes?"

Limpar aquele quarto era um pesadelo. Afinal, havia pilhas e pilhas de coisas que ela não sabia onde guardar, o que a levava a protelar a limpeza, alegando que, se não sabia onde guardar as coisas antes, onde guardaria tudo depois que fizesse a limpeza? A solução surgiu quando Jennifer decidiu mudar sua atitude, usando todos os truques deste livro para motivar-se. Para começar, começou a imaginar o prazer que ela teria em ver o quarto limpo e arrumado. Outra vantagem era que, quando precisasse de alguma coisa guardada lá, não teria de remexer em tudo para encontrar.

Por fim, escolheu uma recompensa maravilhosa. Combinou com uma amiga de passar uma tarde de sábado no seu museu de arte favorito, mas jurou que cancelaria a visita se a limpeza do quarto não fosse terminada. Para ajudar a passar o tempo, Jennifer separou vários CDs para ouvir enquanto limpava, separava, empilhava, empacotava, jogava fora, reciclava e arquivava. E, como tinha reservado um lugar para arquivar os papéis e encontrado uma instituição de caridade que aceitaria as coisas de que ela não precisava mais, não ficou atormentada sem saber o que fazer com o material sem uso.

Quando você começa conscientemente a usar o sistema de recompensas, acaba criando o hábito de enfrentar um projeto difícil para poder comemorar quando ele termina. O truque é trabalhar bastante no seu projeto, marcar um prazo, cortar as interrupções e entregar-se ao trabalho. Para muita gente, uma das melhores recompensas é um tempo de folga. Não é produtivo emendar um projeto no outro. Tire um tempo para brincar, relaxar, se divertir.

Dentro da palavra *recreação* está a idéia de recriar-se. Faça alguma coisa para refrescar seu espírito, para nutrir a criança dentro de você, para se "re-criar" em termos físicos, emocionais ou espirituais. Ponha um pouco de prazer e alegria na sua vida. Se não tiver nada para esperar no final do trabalho a não ser mais trabalho, por que teria vontade de terminá-lo logo?

O que você procura são formas de tornar um trabalho desagradável em algo menos chato, menos apavorante e talvez até mesmo prazeroso. É o primeiro passo para você começar a conquistar tudo o que precisa para seguir na direção certa – a direção que *você* escolher.

Algumas Recompensas que Podem Servir de Motivação para Você Terminar o Trabalho

- Ir ao cinema, ao teatro ou a um concerto
- Fazer uma massagem
- Fazer compras
- Tirar uma tarde, ou um dia inteiro, para cuidar de você
- Encontrar com os amigos para um *happy hour*
- Sair do escritório para dar uma volta
- Passar um tempo ao ar livre apreciando a natureza
- Dar-se o direito de dormir até um pouco mais tarde
- Tirar um tempo para não fazer nada – sem culpa
- Passar um tempo na companhia de uma pessoa querida
- Fazer seu esporte favorito ou algum outro tipo de exercício físico
- Ir à praia
- Ler um bom livro ou uma revista
- Regalar-se com um banho de banheira com espuma
- Pescar ou mergulhar (sozinho ou com amigos)
- Passar uma tarde inteira vendo filmes de aventura ou comédias românticas
- Sair para jantar num bom restaurante
- Fazer uma coisa absolutamente inútil só porque gosta
- Sonhar acordado
- Fazer uma viagem curta no fim de semana

Pensamentos a Serem Considerados

Não deixe que o progresso das coisas que você faz passe despercebido – ainda que só você perceba.

Autor desconhecido

Nós não paramos de brincar porque envelhecemos; envelhecemos porque paramos de brincar.

Autor desconhecido

Você nunca encontrará tempo para nada. Se precisar de tempo, terá de criá-lo.

Charles Buxton

Somente o que é feito pode ser recompensado.

Autor desconhecido

Todo dia que passou deve ser encarado como um dia em que sentimos algum prazer, alguma alegria, alguma satisfação real. Caso contrário, foi um dia perdido.

Dwight D. Eisenhower

Descanso não é ociosidade. Deitar-se às vezes na grama debaixo de uma árvore em um dia de verão, ouvindo o murmúrio da água ou vendo as nuvens passarem no céu, não é de forma alguma uma perda de tempo.

Sir J. Lubbock

Na criação, a parte mais difícil é começar.

Autor desconhecido

O destino do amanhã, por mais sábio que você seja,
Não pode ser conhecido nem previsto.
Não passe, portanto, o dia de hoje em vão,
Pois ele nunca mais voltará.

Omar Khayyam

CRÉDITO EXTRA

Faça uma lista de pequenas e grandes recompensas (que você possa providenciar) para motivá-lo a fazer a tarefa ou o trabalho que você tende a protelar:

• Pequenas recompensas (para completar trabalhos pequenos)__

____

____

• Grandes recompensas (para trabalhos grandes)__________

____

____

• Recompensas fabulosas (para completar trabalhos capazes de mudar a vida)____________________________________

____

____

Não se engane dizendo que "completar o projeto é recompensa suficiente". Se isso fosse verdade, por que você protelaria esse trabalho?____

____

____

2
Qual É a Sua Desculpa?

Nos meus seminários sobre "Como Superar a Protelação", eu peço que os participantes preparem uma lista de 101 coisas que pretendiam fazer, mas nunca fizeram. Para preparar essa lista (em geral, isso leva vários dias), eu aconselho que os participantes andem pelo seu local de trabalho e pela sua casa, olhando devagar e com cuidado para o escritório, os armários e outras áreas onde guardam material. A lista deve conter tudo que precisa ser...

verificado	alterado
devolvido	removido
consertado	limpo
substituído	organizado
remodelado	apagado
posto de lado	retirado
jogado fora	modificado
terminado	reorganizado
lavado	pintado
esvaziado	comprado

A lista deve ser colocada em um lugar onde possa ser vista diariamente. Isso estimula as pessoas a pensarem nos vários aspectos de sua vida: na sua saúde física, mental e espiritual, nos relacionamentos, nos amigos, família e animais de estimação. Acrescente, se quiser, todas as coisas que você pretende fazer "um dia".

Não se trata de um exercício para ser feito "uma vez na vida". A lista pode mudar constantemente. A maioria das pessoas diz que o mero ato de escrever faz com que elas cuidem de um ou de vários itens dentro de poucos dias. Ou seja: sempre que você começar a se sentir sobrecarregado, quando tudo estiver flutuando na sua cabeça e você não conseguir se concentrar ou pensar direito, deve fazer essa lista. Não deixe seu pensamento ser tomado de culpa e angústia.

Desculpas Esfarrapadas

Quando você escrever sua lista, possivelmente vai notar que aparecem vários tipos de desculpas. Eu posso relacioná-las; afinal, estou acostumada a ouvir essas desculpas todo dia. "Minha vida seria melhor se eu fizesse... mas eu sou velho demais, novo demais, pouco qualificado, medroso demais para isso..." Bem, a lista é infindável.

Toda vez que você dá uma desculpa está tentando convencer alguém (em geral, você mesmo) da razão de ter feito ou deixado de fazer uma coisa. Talvez você até perceba que as desculpas minam a confiança do outro em você, mas será que notou que elas prejudicam sua auto-estima? Toda vez que a desculpa é dada em voz alta, você próprio a ouve e, pior ainda, acredita nela. Cada nova desculpa torna-se uma trava a mais em seu desenvolvimento pessoal. Quando você começa a criar limites ou a aceitar desculpas, está colocando obstáculos para se tornar uma pessoa mais completa e mais atuante.

Joana falou durante a vida inteira que gostaria de ter cursado a faculdade, mas havia sempre uma razão (desculpa) para ela não atingir sua meta: não podia pagar a faculdade, tinha de cuidar da sua família, estava ocupada demais com a carreira, não tinha tempo, etc. Sua desculpa mais recente foi que estava velha demais para estudar. A última vez em que seu marido sugeriu que ela fosse para a faculdade, Joana lhe disse: "Se eu começar agora, terei 60 anos quando me formar."

E ele respondeu: "Você terá 60 anos de qualquer forma. Pode ter 60 anos com ou sem um diploma universitário." Finalmente, ela parou de dar desculpas, fez vestibular e entrou para a faculdade. Achou que ficaria exausta trabalhando o dia todo e estudando à noite e nos fins de semana, mas confessou que nunca tinha se sentido mais energizada.

Você dá algumas desculpas e se impõe limites tão fortes que eles se tornam parte da sua filosofia básica de vida? Acredita que protela as coisas porque nasceu assim? Ou acha que não tem competência, organização ou força suficientes para mudar?

Controle os Pensamentos Negativos

Todas essas desculpas e limitações originam-se do seu diálogo com você mesmo. Está na hora de tornar essa conversa mais positiva. Eu, por exemplo, cresci ouvindo as mulheres da minha família dizerem que não sabiam lidar com máquinas nem com aparelhos eletroeletrônicos. Também me convenci de que era incapaz de resolver qualquer problema nessa esfera.

Até que um dia, quando estava saindo para o trabalho, de manhã bem cedo, meu carro não quis pegar. O filho adolescente da minha vizinha diagnosticou que o carro estava "afogado". Ele se prontificou a me ajudar. Eu nunca tinha sequer aberto o capô do carro, mas descobri que o problema era simples de resolver. "Basta pressionar a válvula-borboleta", ele me explicou. Atualmente, os novos modelos têm injeção eletrônica e não funcionam mais daquele jeito. Mas aquela experiência serviu para me mostrar que nem sempre as coisas são tão difíceis quanto parecem.

Desde então, perdi o medo de mexer em máquinas e eletroeletrônicos. Passei a enviar mensagens positivas para mim a esse respeito: "Eu posso, já fiz isso, não é tão assustador assim." Fui a primeira no meu grupo de amigas a aprender a programar um vídeo e não sofri a menor angústia para me adaptar à era dos computadores, ao contrário de minhas amigas, que até hoje mal sabem enviar e-mail e entrar na Internet.

Enquanto as pessoas acreditarem que não sabem fazer uma coisa, não saberão mesmo. O velho ditado "Querer é poder" é muito poderoso para os proteladores. Toda vez que perceber que está deixando as coisas para depois, tenha uma conversa franca consigo mesmo. Substitua suas desculpas por mensagens positivas, dizendo que pode conseguir o que quiser.

Ao ler as citações no final deste capítulo, você encontrará minhas declarações positivas favoritas. Copie e prenda na parede, no telefone ou no painel do carro. Elas são um poderoso contra-ataque às negativas que ouvimos dos outros – ou, pior ainda, de nós mesmos. Não importa quanto tempo você foi considerada uma pessoa que protelava tudo, o importante é que pode mudar. Que tal começar agora mesmo, neste exato minuto?

A Mãe de Todas as Desculpas: "Eu Trabalho Melhor sob Pressão"

Você adia as coisas porque acredita que trabalha melhor sob pressão? O que você quer dizer com isso? Que, perto do prazo final, sua adrenalina começa a bombear, sua energia aumenta, seus esforços são mais concentrados e, com calma e confiança, você faz um bom trabalho e entrega tudo em tempo? Se a resposta for "sim", não há problema... a não ser que você também responda "sim" a alguma das seguintes perguntas:

- Quando tem de cumprir um prazo, sofre com o estresse e com a pressão? Sente um enorme desgaste? Sua vida fica caótica?

- Você sabe que tem milhões de coisas para fazer e acha que não tem tempo para nenhuma delas?
- Às vezes pede socorro à família, aos amigos ou aos colegas de trabalho?
- Você está deixando todos à sua volta estressados? (Se não tiver certeza, pergunte a algumas pessoas se elas têm vontade de estrangular você, principalmente quando está correndo para cumprir um prazo).
- Quando o prazo final se aproxima, você sente dor de cabeça, dor de estômago, dor nas costas ou algum outro mal-estar?
- Você às vezes não consegue cumprir o prazo?
- Você se irrita, fica ranzinza e desagradável quando está sob pressão para cumprir um prazo?

Se respondeu "sim" a uma dessas perguntas, você não trabalha melhor sob pressão.

Lista da Itens Favoritos do Protelador

(Extraído do CLUBE DOS PROTELADORES)

6. Animal de estimação: tartaruga
5. Comida: melado
4. Esporte: pesca
3. Ditado: "Antes tarde do que nunca"
2. Frase de filme: "Vou pensar nisso amanhã" (Scarlett O'Hara em *E o Vento Levou...*)
1. Grito de guerra: "Eu farei isso amanhã"

Muita gente diz que "trabalha melhor sob pressão", mas não é verdade. Sob pressão você pode:

- ficar exausto
- agir como maluco
- perder o sono
- gritar com os outros ou criticá-los
- comer demais ou comer muito pouco
- ficar estressado
- apresentar um trabalho feito às pressas, sem capricho ou incompleto
- ficar apático
- deixar os outros malucos
- ficar doente
- deixar de cumprir um prazo importante.

Nada disso é condição para se trabalhar melhor. Uma forma mais realista de explicar essa situação seria: "Eu não consigo fazer nada antes de me sentir pressionado pelo prazo; então eu realmente ponho mãos à obra." A chave para abandonar essa desculpa é mudar sua atitude.

Durante um dos meus seminários, Ramish aproximou-se de mim e confessou: "Eu sempre disse que trabalho melhor sob pressão, mas não é verdade. Eu não faço um bom trabalho quando deixo tudo para a última hora. Em geral acontece alguma coisa – uma crise, uma doença, uma emergência! Então eu digo que teria feito melhor se nada disso tivesse acontecido."

DICA RÁPIDA

Verifique sua agenda diariamente,
sua programação, seus prazos,
sua lista de coisas a fazer.

Eu posso até admitir que alguns projetos podem ser deixados para a última hora sem nos deixar malucos. O truque é avaliar a situação e considerar as conseqüências que você terá se o prazo não for cumprido ou se sua tarefa tiver de ser terminada mais depressa que o normal.

Eis um exemplo: você vai receber uma visita dentro de uns dias e sua casa precisa ser limpa. Você pode começar agora, mas prefere deixar tudo para a última hora. Segundo a lei das probabilidades, se as coisas forem deixadas para o último instante, pode ocorrer um imprevisto. Você pode ter de trabalhar até mais tarde, sentir uma dor de dente insuportável, seu carro pode enguiçar. Alguma coisa – qualquer coisa – pode ocorrer, impedindo que você limpe a casa. Nessa hipótese, as conseqüências não são realmente terríveis. Sua visita chega e a casa está uma bagunça. Você pode ficar um pouco sem graça, mas sobreviverá.

Contudo, em uma situação diferente, as conseqüências podem ser muito mais sérias. Por exemplo: você tem de escrever um relatório importante no trabalho, seu chefe está contando com isso, mas você decide deixar tudo para a última hora, pois "trabalha melhor sob pressão". Inevitavelmente, a Lei de Murphy – segundo a qual qualquer coisa que possa sair errada, sairá – entra em cena. Você cai de cama com uma gripe fortíssima, não consegue chegar ao escritório por causa de um temporal, seu filho se machuca... Sem escapatória, terá de confessar ao seu chefe que o relatório não está completo, nem sequer foi iniciado.

Considere as conseqüências:

- Talvez você tenha posto seu emprego em jogo.
- Talvez tenha deixado seu chefe em má situação.
- Talvez tenha perdido a chance de ser promovido como esperava, ou, no mínimo, tenha caído de conceito na avaliação da empresa.

E tudo isso devido a um hábito de protelar em função de uma racionalização de que você trabalha melhor sob pressão. Qual é o preço a pagar por deixar as coisas para o último minuto? Você se lembra das vezes em que seu coração bateu forte porque saiu para uma reunião na última hora e se viu no meio de um engarrafamento de trânsito?

Depois que reconhecer que precisa mudar de atitude, use as estratégias de sucesso da terceira parte deste livro para subdividir os projetos em tarefas viáveis e controlar seu tempo. Os prazos não podem continuar sendo mais uma fonte de pânico, doença e mediocridade.

Às Vezes É Bom Protelar?

Eis aqui uma surpresa: em certas circunstâncias, é realmente *aconselhável* adiar uma coisa para mais tarde. Há situações em que é recomendável dizer: "Eu não vou lutar contra isso. Vou deixar para mais tarde." Todo mundo protela em um momento ou em outro. Nós precisamos escolher nossas batalhas, não podemos fazer tudo. Algumas coisas devem ser adiadas – de forma consciente e intencional. Eu chamo isso de "Protelação Positiva".

Segundo a Lei de Parkinson, o trabalho aumenta para preencher o tempo disponível. Nós todos já experimentamos isso. Se você vai receber uma visita e tem dois dias para limpar a casa, levará dois dias inteiros fazendo uma boa limpeza. Mas, se tem apenas quatro horas, deixará a casa brilhando nesse tempo. (Talvez não exatamente "brilhando", mas o mais próximo disso possível.)

Como essa lei se aplica à Protelação Positiva? Algumas pessoas deixam para limpar a casa quatro horas antes de as visitas chegarem simplesmente porque não querem passar dois dias inteiros pondo a casa em ordem.

A mesma lei se aplica à escrita, por exemplo. Algumas pessoas escrevem um artigo, uma carta ou alguma outra coisa e reescrevem tudo mil vezes até se sentirem exaustas. Esses revisores compulsivos fazem um favor a si próprios quando adiam o momento de começar a escrever, deixando um tempo hábil para fazerem um bom trabalho, mas não tempo demais, senão ficarão semanas reescrevendo o texto. (O que não quer dizer que você deva esperar até o último segundo para pegar no trabalho.)

A Protelação Positiva aplica-se a vários aspectos da nossa vida. Criatividade, por exemplo. Quando eu tenho uma idéia realmente boa, acho melhor deixá-la em banho-maria. Deixo-a cozinhar por algum tempo enquanto cuido de alguma outra coisa.

Uma diretora de arte certa vez me disse que, às vezes, quando ela está trabalhando em um projeto, passa horas sem chegar a resultado algum. Em vez de continuar tentando, trabalha em alguma outra coisa por dois a três dias. Quando volta para o projeto original, vê o design sob uma perspectiva diferente e se sai melhor do que se não tivesse interrompido a tarefa. Quando estiver se sentindo bloqueado em um projeto, coloque-o de lado, deixe a idéia amadurecer e veja se ao voltar a trabalhar nele não se sente revitalizado.

Nós temos problemas quando empurramos as tarefas com a barriga sem motivo. Porém, de vez em quando, há uma boa razão para uma Protelação Positiva.

Pensamentos a Serem Considerados

O que o bobo faz no final, o esperto faz no início.

R.C. Tench

Se você sempre faz o que sempre fez, sempre conseguirá o que sempre conseguiu.

Autor desconhecido

Nada é tão cansativo quanto viver pendurado em um trabalho incompleto.

William James

Pensando que pode ou pensando que não pode, você tem razão!

Harry Ford

Quanto mais eu quero fazer uma coisa, menos considero isso um trabalho.

Richard Bach

O tempo não é medido pelo passar dos anos, mas pelo que a pessoa faz, como se sente e o que conquista.

Autor desconhecido

O ser humano precisa pôr sua vida em ordem para viver melhor. A ordem dos nossos dias reflete, de várias formas, a imagem de nós mesmos.

L. Tornabene

Lembrem que o tempo perdido não volta.

Thomas à Kempis

Tempo desperdiçado é existência; tempo usado é vida.

Edward Young

CRÉDITO EXTRA

Faça uma lista de 101 coisas que você precisa (ou quer) fazer. (Inúmeras vezes eu ouvi histórias de pessoas trancadas do lado de fora do carro que diziam: “Eu pretendia fazer uma chave extra.” Se você não tem uma chave extra, acrescente isso à sua lista de coisas a fazer. Depois procure um esconderijo para sua chave e lembre-se de onde a escondeu.)

3
Os Jogos que as Pessoas Fazem

A PROTELAÇÃO É UM JOGO – um jogo onde você adia, ignora, esquece e não pensa no que quer evitar fazer. Muita gente faz esse jogo praticando o que eu chamo de "Protelação Hipócrita". Essa forma é empregada quando você tem uma coisa importante a fazer, que pode causar problemas se não for realizada, mas que você não quer fazer.

Você não pode adiar a tarefa por simples preguiça, pois é importante demais. E não conseguiria enfrentar a si mesmo nem aos outros se não tivesse uma boa razão, então adia fazendo alguma coisa nobre.

Vejamos um exemplo. Nos tempos em que eu protelava tudo, fui escalada para digitar um documento para um comitê do qual eu fazia parte. Eu detesto digitar. Não sei a posição das letras no teclado e cometo muitos erros, o que me deixa frustrada e com raiva. A saída é usar o método bíblico: "Procure que encontrarás." Depois de trabalhar no texto por algum tempo, fui até a cozinha para tomar uma xícara de café. Quando estava voltando para retomar minha terrível tarefa, notei uma mancha roxa na parede da cozinha, parecendo geléia de uva ou algo parecido. Eu não sabia há quanto tempo aquilo estava ali. Com um detergente, tirei a mancha roxa da parede. E qual foi o resultado? Surgiu uma mancha brilhante, bem evidente, na parede não tão limpa da minha cozinha. Tentei esfregar bem a mancha para que ela se misturasse com o resto da parede. Não funcionou. Então despejei o detergente em um balde e lavei as paredes e o teto da cozinha. Naquela mesma noite um membro do comitê telefonou para perguntar como estava indo a digitação.

"Como eu podia digitar o documento se passei o dia todo esfregando as paredes e o teto da cozinha?", disse, num tom de lamúria. Eu não conseguiria olhar para mim mesma nem para ninguém se tivesse deixado de fazer o trabalho para ver televisão ou tirar uma soneca, mas tudo bem se estivesse fazendo outra coisa importante.

Variações da Protelação Hipócrita

A maioria das pessoas faz o jogo da Protelação Hipócrita de forma inconsciente, com inúmeras variações. Há aqueles que eu chamo de "Itinerantes", que reagem a uma tarefa lembrando que têm uma coisa muito importante a fazer em outro lugar. E vão procurar em outro lugar alguma coisa importante a ser feita. Uma necessidade incontrolável afasta-os do trabalho que lhes cabe fazer. Eles se concentram em qualquer outro ponto: ao lado da cafeteira, da máquina de fax, no porão, na despensa, na garagem, na caixa de correio.

Se estiverem perto de um elevador, sobem ou descem nele. Se estiverem perto de uma janela, vão abri-la ou fechá-la. Se estiverem perto de um lápis, vão apontá-lo. Eles vão procurar alguma coisa para comer, vão caminhar, andar sem destino. E, quando suas buscas terminam perto da tarefa original a ser feita, são mordidos de novo pela mosca itinerante e voltam a escapar.

Treze Jogos "Hipócritas" para Passar o Tempo

1. Mexer nos mesmos papéis ou em um amontoado de papéis várias vezes seguidas.
2. Jogar no computador.
3. Dar telefonemas longos e sem importância.
4. Ficar conversando com visitas inesperadas que não são importantes.
5. Navegar na Internet.
6. Comparecer a reuniões desnecessárias.
7. Trabalhar a esmo, sem objetivo, prioridade ou prazo.
8. Tentar fazer coisas demais ao mesmo tempo, sem calcular o tempo necessário para terminá-las.
9. Agir de forma indecisa.
10. Dizer "sim" quando deve dizer "não".
11. Forçar-se a fazer uma coisa quando está cansado demais para funcionar bem.
12. Fazer coisas que não precisam ser feitas (ou que outra pessoa poderia fazer).
13. Planejar demais.

Alguns Protelادores Hipócritas pertencem ao grupo que eu chamo de "Preparadores Perfeitos". Eles acreditam que só podem trabalhar em um projeto depois que tiverem feito pesquisas, obtido mais informações, lido mais livros, freqüentado mais seminários. Chegam a se tornar tão bons nisso que passam anos preparando-se para iniciar um projeto. Tudo bem se estiverem adiando a construção de uma piscina no quintal de casa, mas o Preparador Perfeito que trabalha com vendas e não presta contas porque fica esperando o próximo relatório trimestral põe em risco suas vendas, suas comissões e até mesmo seu próprio emprego.

Há também o grupo dos "Socializadores". A mera idéia de executar um trabalho indesejável faz com que eles se lembrem de telefonar para amigos e parentes nos quais não pensam há anos, ou de ter uma conversa profunda com o cônjuge. No trabalho, os Socializadores visitam os colegas, passando de mesa em mesa, de departamento em departamento, de escritório em escritório, só para adiar aquilo que não querem fazer.

Os "Arrumadinhos" são aqueles que, de repente, decidem que um trabalho de qualidade não pode positivamente ser feito no meio da bagunça. Então eles arrumam, organizam e rearrumam, tiram poeira, jogam coisas velhas fora, passam o aspirador, até que em certa hora olham o relógio e murmuram: "Agora está tarde demais para começar um novo trabalho. Acho que vou ter de deixar isso para amanhã."

Finalmente há os "Ajudantes Felizes", o estilo mais sutil e insidioso da Protelação Hipócrita. Eles põem de lado o trabalho que devem fazer – mas não querem – para ajudar uma pessoa... mesmo que ela não precise de ajuda. Porém, no caso de a pessoa realmente *precisar* de ajuda não é uma protelação, e sim a realização de uma necessidade válida. Mas é uma coincidência o fato de os Ajudantes Felizes adiarem tudo que não querem fazer para ajudar de boa vontade os parentes, amigos, colegas de trabalho, vizinhos ou até mesmo estranhos. Em geral, os Ajudantes Felizes são manipulados por pessoas cujas necessidades não são válidas.

Cuidado com aqueles que são especialistas em dizer que *você* é responsável pelos problemas deles. Essas pessoas começam sutilmente pedindo um favor. Um colega de trabalho, por exemplo, pede que você o ajude em um projeto. Quando você explica que também está com muito trabalho, ele entra em pânico e diz que se não terminar o projeto no prazo talvez perca o emprego. Ele espera que você o acuda, mas o que pode acontecer se o *seu* trabalho não for terminado?

Não quero dizer com isso que você deva parar de ajudar sua família ou seus amigos. Mas tenha cuidado quando os outros o responsabilizarem por problemas que não são seus. Sua ajuda pode atrapalhar o crescimento e senso de responsabilidade deles, e se você não terminar seu trabalho pode criar complicações para si próprio. Há quem não consiga dormir à noite por causa do problema dos outros, enquanto os responsáveis dormem a sono solto, sem preocupação, pois passaram a responsabilidade adiante.

Prenda um aviso na testa
(ou na sua mesa de trabalho) dizendo:

Falta de planejamento da *sua parte* não
constitui um problema para *mim*.

Muitos Ajudantes Felizes abandonam seu trabalho para ajudar os outros porque seus próprios projetos parecem sem graça ou desagradáveis quando comparados às novidades dos outros. Além disso, eles se sentem bem dando uma mão e, é claro, as pessoas em geral ficam gratas quando você aparece e trabalha para elas. Outros Ajudantes Felizes não sabem dizer "não" quando alguém lhes pede ajuda. Eles querem ser "bonzinhos", não suportam ser considerados mesquinhos, egoístas ou indiferentes. Querem ser queridos. Sua auto-estima depende do que os outros pensam deles. É claro que, se estiverem cercados de gente negativa, mesquinha e manipuladora, nunca farão o suficiente e sempre pensarão que não são bons o suficiente.

Os Ajudantes Felizes não gostam de dizer "não", nem de magoar os outros. Mas nós todos já tivemos experiências com pessoas que se recusaram gentilmente a nos ajudar:

- "Eu adoraria ajudar você na sua mudança, mas não posso. Vou estar ocupado neste fim de semana."
- "Desculpe não poder falar com você agora, eu estou ocupado. Posso lhe telefonar mais tarde?"
- "Eu gostaria de ajudar naquele projeto de computador, mas estou atolado e tenho de cumprir um prazo. Você vai ter de pedir ajuda a outra pessoa dessa vez."

Quando uma pessoa nos diz "não", nós não achamos que nossa amizade terminou e não paramos de falar com ela. Então, por que pensar que os outros deixarão de falar conosco quando ocasionalmente nos recusamos a ajudá-los?

Muitos Ajudantes Felizes dirão que se sentem bem ajudando os outros. Talvez isso seja verdade, mas pode ser que haja um problema por trás disso. Se você lastima todo o trabalho que está atrasando ou deixando de fazer para ajudar alguém, se essa ajuda implica deixar de lado sua família ou a si próprio, então está na hora de dizer "não" ocasionalmente aos pedidos dos outros. Estar sempre disponível pode levar à exaustão, ao ressentimento e a uma absoluta hostilidade.

O poeta irlandês William Butler Yeats escreveu:

Um sacrifício longo demais
Pode tornar o coração uma pedra.

Você pode saber impor limites e ainda assim ser uma pessoa boa, simpática e gentil – capaz de terminar seu trabalho também.

Flutuando

Alguns Proteladores Hipócritas praticam a arte de "flutuar". Não como se fossem um navio sem direção, mas como se fossem um navio sem destino. Você algum dia tentou pensar na manhã, na tarde ou na noite anterior e não soube dizer o que fez ou como o tempo passou? Alguns "Flutuadores" começam vários trabalhos, mas nunca os terminam; outros se mantêm ocupados, mas não fazem realmente nada.

Essa flutuação ocorre em várias circunstâncias: quando você se sente deprimido, sobrecarregado, distraído ou excitado, ou quando não planejou o que fazer com o seu tempo. Em geral ocorre durante um período ocioso.

Como se Chama o Não-Protelador?

Por mais difícil que pareça, você possivelmente *não* nasceu um protelador, mas um... o quê? Como se chama aquele que não adia as coisas? Qual é o oposto do protelador?

Eles não podem ser chamados de empreendedores ou líderes, nem rotulados de organizados ou motivados, pois nós todos conhecemos alguém que apesar de ser empreendedor organizado ou líder motivado continua a protelar várias coisas da vida.

Eu não gosto da palavra *não-protelador* porque ela não distingue aqueles que não têm tendência a adiar dos que lutaram e venceram a batalha contra a protelação. Colocar o *não* antes da palavra não diz muita coisa. Por exemplo, não-fumantes podem ser pessoas que nunca fumaram, que deixaram de fumar há anos ou que deixaram de fumar na semana anterior e carregam no bolso fotos de pulmões negros para mostrar a todos os seus amigos fumantes.

A palavra latina *crastinus* significa "que diz respeito a amanhã". Nesse caso, os procrastinadores (ou proteladores) são a favor de adiar para amanhã, e seu oposto seriam os anticrastinadores ou antiproteladores.

Se você estivesse vivendo um dia totalmente programado, saberia o momento preciso de acordar de manhã, de tomar café e de sair para trabalhar. Por exemplo, começar a trabalhar às nove da manhã, fazer uma pausa para o café às dez e meia, almoçar ao meio-dia, fazer outra pausa às três e meia e voltar para casa às cinco da tarde. Em casa, à noite, jantar, ver televisão, ir para a cama, tudo em horas específicas. Em geral, você não se sente flutuando em um dia altamente programado.

Agora, vamos jogar a moeda e imaginar um dia totalmente desprogramado. O despertador não toca porque você não tem nada programado. Você sai da cama na hora em que quer e não sente necessidade de se vestir. Espera que o telefone toque para só então ter uma idéia de alguma coisa que vá acontecer naquele dia.

A maioria de nós vive mais ou menos entre esses extremos. Variando entre dias de trabalho duro e fins de semana sem ter o que fazer. Alguns funcionam bem, outros se saem melhor de uma forma que de outra. Muitos grandes empreendedores, que nunca protelam nada durante o trabalho, "flutuam" (e protelam) durante o tempo desprogramado em casa.

Algumas profissões são particularmente sem rotina, como donas-de-casa, padres, jornalistas, corretores de imóveis e de seguros. Os que trabalham fora de casa têm de lutar com o tempo desprogramado, precisam tomar um cuidado especial para não começarem a flutuar. Em todas as profissões, parece que algumas áreas são mais programadas que outras. As ocupações desse tipo exigem mais prazos, mais planificação, mais preocupação com listagens e prioridades.

O início da cura para os flutuadores é o reconhecimento de que eles estão flutuando: "Eureka! Eu estou flutuando." O próximo passo é recuperar o controle e terminar uma tarefa. Segundo o ditado: "Sucesso gera sucesso." Pela mesma lógica: "Fracasso gera fracasso."

Ao lembrar-se de uma época da sua vida de tarefas incompletas, talvez você se sinta um fracassado e, às vezes, aja como tal. Além do mais, as tarefas incompletas podem criar mais trabalho. Mary, por exemplo, disse que seu gato gordo e irritadiço gostava de deitar em cima das roupas recém-lavadas. Se as roupas não fossem guardadas logo e o gato deitasse em cima delas, Mary não só tinha de lavar tudo de novo como se sentia uma fracassada por não ter guardado as roupas recém-lavadas e passadas.

Flutuação é um tipo de protelação que consome nosso tempo, nos impede de fazer as coisas e mina nossa auto-estima, fazendo-nos sentir burros e desorganizados. Portanto, muito cuidado. Preste atenção para ver se você não está flutuando. Dê um jeito de terminar uma tarefa. Depois outra, e outra.

Superando a Protelação Hipócrita

A chave para eliminar a Protelação Hipócrita é começar a reconhecer esse tipo de protelação na sua vida. Tornar-se consciente do jogo que você (e todo mundo) faz e tomar cuidado com o seguinte: você percebe que está limpando as gavetas da sua mesa quando devia estar fazendo uma visita ao seu avô que está doente, ou que está arrumando a prateleira de roupas de cama exatamente no horário da ginástica, ou que está jogando no computador quando tem um relatório urgente para entregar.

A Protelação Hipócrita e todas as suas variações têm uma característica comum: *falta de foco*. Quando você começa a se pôr em foco, estabelecendo um prazo para uma tarefa ou assumindo um compromisso e anotando-o em uma lista de coisas a fazer, as outras coisas "importantes" que geram esse tipo de protelação tendem a desaparecer.

Jogos de Poder: Pessoal e Profissional

Outro jogo sutil, porém insidioso, é a "Protelação Rebelde". Pessoas que se sentem impotentes ou inadequadas cometem, às vezes, pequenos atos de rebeldia em forma de protelação.

Eis um exemplo: Uma esposa mostra ao marido alguns consertos que precisam ser feitos na casa. Ele diz: "vou cuidar disso nesse fim de semana", mesmo sabendo que ela ficará frustrada e furiosa mais tarde – não por ele se recusar a fazer os consertos, criar objeções ou começar uma briga, mas simplesmente por não fazer o que prometeu.

Sua capacidade de manipular as emoções da esposa, adiando suas tarefas, lhe dá um senso de poder. Subconscientemente, ele exerce um controle sobre ela sem despender qualquer energia. Mas há muitas gradações das conseqüências que ele terá de pagar, desde as óbvias (uma casa cheia de problemas) até a mais sutil (uma esposa ressentida em virtude do comportamento pouco atencioso dele).

Outro exemplo: Pedro disse que, quando foi promovido a supervisor, vários colegas se ressentiram e demonstraram isso através da protelação. Três meses depois do seminário, ele me disse: "Eu sei que o problema era deles, não meu, mas parecia que estavam tentando me sabotar. Agora, comecei a diminuir o controle que exercia sobre o departamento, peço opiniões com mais freqüência, envolvo mais pessoas nas decisões, delego mais responsabilidades. Acho que estou um pouco mais simpático. É incrível. Minha equipe ficou muito menos rebelde. A protelação praticamente desapareceu. Parece mágica."

Pense no controle que um colega seu tem quando adia um relatório. Se o relatório não estiver pronto no prazo estipulado, todo o departamento ou até mesmo toda a empresa pode ficar caótica.

A Protelação Rebelde é extremamente perniciosa porque, embora você prejudique a pessoa contra quem está se rebelando, prejudica muito mais a si próprio. Você perde os prazos e cria a reputação de "não fazer nada" porque trabalha duro não fazendo nada. Além da protelação levá-lo a deixar suas tarefas inacabadas, destrói sua auto-estima, sua sensação de ser uma pessoa de valor. É uma forma destrutiva de tentar exercer controle sobre os outros.

Comece a pesquisar as razões da sua rebeldia. Você acha que

exerce pouco ou nenhum controle em certos relacionamentos ou situações? Sua protelação causa raiva ou algum tipo de confusão? Você tem uma sensação de controle ou de poder quando adia as coisas?

O primeiro passo para superar a Protelação Rebelde é adquirir controle na sua vida. Reconheça os problemas que você tem com pessoas do seu trabalho ou da sua casa. Faça comentários sobre isso com elas. Estabeleça metas. Use as dicas deste livro para mudar sua forma de agir. Você vai se sentir livre. Entrando em ação de forma positiva, em geral a sensação é de sucesso e poder. Sem dúvida, muito mais eficiente do que a sensação de controle adquirida através da rebeldia e da protelação.

Se você não for capaz de controlar a Protelação Rebelde por conta própria, deve procurar um aconselhamento. Esse comportamento pode estar tão arraigado no seu subconsciente que talvez seja necessário pedir ajuda a um profissional.

Você Nasceu Assim?

Eu costumava pensar que era uma proteladora de nascença e que, portanto, não poderia mudar. Mas, depois que me casei e nossos filhos nasceram, comecei a notar uma coisa. Quando os bebês querem fazer uma coisa, querem fazer na mesma hora – imediatamente! Eles berram a plenos pulmões e estremecem a casa toda para tentar conseguir o que desejam. Nos primeiros anos de vida, as crianças são ensinadas de forma lenta e sutil (e, provavelmente, subconsciente) a se tornarem proteladores ou antiproteladores.

Elizabeth, investigadora policial, me contou a seguinte história sobre sua filha Meg. Quando Meg tinha dois anos, viu uma família na televisão saindo para um piquenique e perguntou se sua família também poderia fazer um piquenique. Elizabeth concordou, mas explicou que eles teriam de esperar até o verão porque, naquela época, o chão estava coberto de neve e a temperatura estava abaixo de zero. Meg começou imediatamente a planejar o passeio: juntou um cobertor, uma cesta de piquenique e uma garrafa térmica para suco.

A menininha falava tanto sobre o piquenique, e com tal entusiasmo, que certa noite, quando a família se reuniu para jantar, Elizabeth esticou um cobertor no chão da sala e eles fizeram um piquenique dentro de casa. Se Elizabeth tivesse insistido em esperar até o verão, poderia ter plantado (com a melhor das intenções) sementes de protelação em Meg.

Eu não acho que as crianças – nem os adultos, aliás – devem ser imediatamente gratificadas toda vez que desejam uma coisa. Muitas coisas simplesmente não podem ser feitas de imediato, e nós não temos alternativa senão dizer "mais tarde". Porém, estou convencida de que nós nascemos com um entusiasmo que nos faz querer fazer as coisas *agora*, e que ao longo da vida aprendemos a dar desculpas e a adiar as coisas para amanhã.

Pensamentos a Serem Considerados

Qualquer pessoa pode trabalhar muito, desde que não seja o trabalho que deveria estar fazendo naquele momento.

Robert Benchley

Não basta estar ocupado, as formigas também vivem ocupadas. A questão é saber com o que você se ocupa.

Henry David Thoreau

Cuidado com a aridez de uma vida ocupada demais.

Sócrates

Viva a vida hoje! Ela NÃO é um ensaio de teatro.

Autor desconhecido

Não é difícil tomar decisões quando você sabe quais são seus valores.

Roy Disney

Não deixe para amanhã o que pode fazer hoje, pois, se gostar do que fez hoje, pode repetir amanhã.

James A. Michener

A protelação é a assassina natural da oportunidade.

Victor Kiam

Foram perdidas ontem,
em algum momento entre o nascer e o pôr-do-sol,
duas horas douradas,
cada qual com sessenta minutos de diamantes.
Nenhuma recompensa foi oferecida,
pois elas se foram para sempre.

Horace Mann

Deus prometeu perdão pelo seu arrependimento, mas Ele não prometeu o amanhã pela sua protelação.

Santo Agostinho

CRÉDITO EXTRA

1. Você passa parte do seu tempo fazendo coisas que não quer fazer, indo a lugares que não quer ir e/ou saindo com pessoas com quem não quer sair? Se a resposta for positiva, está fazendo isso simplesmente porque não sabe dizer "não"? (Ou, pior ainda, ninguém pediu, mas você se ofereceu para fazer isso sem pensar?)

• Liste as situações. ______________________________

____

____

2. Você diz muitas vezes "sim" a pessoas com quem se relaciona, depois "esquece" de fazer o que prometeu?

• Liste esses relacionamentos. ______________________

____

____

• Que mudanças você pode fazer para não se sentir tão impotente? ______________________________________

____

____

• Selecione um relacionamento. Tente explicar ao outro por que você não quer fazer o que ele lhe pediu. _______________

____

____

CRÉDITO EXTRA, EXTRA

Nesta semana, diga "não" quando lhe pedirem para fazer uma coisa desnecessária e que interfira com seus planos, ou que a outra pessoa deva fazer por si própria.

PARTE II

Por que Nós Protelamos as Coisas?

4
Os Medos que nos Deixam Paralisados

Segunda Lei de Emmett: A obsessão por perfeccionismo é a ruína dos proteladores.

HÁ DEZENAS DE MEDOS que podem imobilizar uma pessoa e fazer com que ela protele as coisas. O que é preciso fazer se um medo paralisar você? A forma mais efetiva de acabar com os fantasmas que exercem controle sobre sua vida é olhá-los de frente. Identificá-los. Dar nome a eles. Quanto melhor os conhecer e quanto mais claramente os vir, menos assustadores eles parecerão.

Neste capítulo nós trataremos de alguns dos medos que cruzam seu caminho.

Medo da Imperfeição

Você pode não se considerar perfeccionista, mas é daqueles que adia as coisas até que a hora e o humor sejam satisfatórios? Betty, por exemplo, não se preocupa em manter a casa e o carro impecáveis, mas se for escrever uma carta quer ter tempo suficiente para se inspirar e fazer um texto com a eloqüência de Shakespeare.

Da mesma forma, Jane e Bill falaram durante anos em fazer um investimento financeiro, mas nunca deram um passo adiante. Apresentaram todo tipo de razões e desculpas, pois subconscientemente temiam criar um plano imperfeito. Por razões inteiramente diversas, Raquel vem adiando um check-up médico. Ela está com boa saúde e não tem medo do check-up, mas receia marcar uma hora para o mês seguinte que possa coincidir com uma reunião importante de trabalho. E por aí vai.

As pessoas esperam um momento em que estejam num humor ideal, com bastante tempo disponível e as condições sejam as melhores possíveis... e, se esses fatores "perfeitos" não se juntarem, as decisões, ações, começos, fins, mudanças, compras, relacionamentos, carreiras e vidas ficam em compasso de espera.

Uma lição importante para superar o hábito de transferir para outro dia o que precisa ser feito é perceber que essas situações perfeitas talvez nunca ocorram. Nosso mundo é imperfeito e nós somos pessoas imperfeitas. Com isso eu não quero dizer que devemos aspirar à mediocridade. A idéia é perseguir a excelência, que está ao nosso alcance. A perfeição, em geral, não está.

Quem se saiu vitorioso em várias áreas sabe que fracassar é um passo necessário para alcançar o sucesso. É o que diz Michael Jordan, estrela do basquete americano: "Eu perdi mais de 9 mil cestas na minha carreira. Perdi quase 300 jogos. Vinte e seis vezes tive oportunidade de fazer a cesta da vitória e errei. Falhei várias vezes na minha vida. E foi por isso que tive sucesso."

Se sua meta é criar um plano de investimento financeiro, faça um exercício em casa para criar o melhor plano possível. Marque um prazo para colocá-lo em prática, em vez de procurar indefinidamente o plano *perfeito*. Quando for a hora de escrever uma carta ou um artigo, de terminar um projeto no trabalho ou sua tese de mestrado, ou de preparar a festa de aniversário do seu filho, você pode planejar fazer o melhor possível. Mas lembre-se de que o trabalho provavelmente não será perfeito.

Stella supera seu perfeccionismo

Stella, diretora-executiva de uma câmara de comércio, foi uma perfeccionista que deu uma incrível virada no seu escritório e na sua vida. Quando seus amigos e colegas de trabalho notaram que ela parara de protelar as coisas e se tornara produtiva e eficiente, perguntaram como ela tinha conseguido aquilo.

Stella ouviu os conselhos do seu marido, Ed, um empreiteiro, que lhe ensinou uma nova forma de dialogar consigo mesma. Ed vivia tão irritado com o perfeccionismo de Stella que um dia a levou a um dos seus galpões de trabalho e mostrou umas peças bonitas que seus marceneiros faziam – estantes de livros, armários, assoalho de madeira de lei e um lindo bar embutido. Stella admirou sinceramente o trabalho dos marceneiros e disse: "É tudo muito bonito. Esses operários são perfeccionistas."

"Não são, não", disse Ed. "Esses homens não são perfeccionistas, mas *têm* um padrão de qualidade. Quase todo marceneiro do país sabe que é preciso medir duas vezes e cortar uma vez só. Cometer erros quando a madeira é cortada pode sair *muito* caro. Mas, mesmo medindo duas vezes, ainda assim eles podem errar. E sabe o que dizem para si mesmos quando isso acontece?"

"O quê?", perguntou Stella.

"Eles dizem: 'Isso não é um piano'", respondeu Ed. "Como você vê, nem tudo o que um marceneiro faz tem o mesmo nível de importância de um piano. Às vezes, mesmo a coisa estando um pouco imperfeita, pode estar excelente."

Essa forma de encarar o trabalho levou Stella a rever sua forma de agir. Ela parou de adiar os telefonemas difíceis, a burocracia, as decisões. Recentemente, Ed lhe telefonou para saber se ela estaria em casa na hora do jantar e ela falou: "É claro que sim! Estou fazendo o trabalho de três pessoas aqui e não terminei um terço do que precisava preparar para a reunião de outubro, mas tudo bem. Eu vou para casa agora de qualquer jeito, pois o que eu não completei não é um piano."

Aprendendo a aceitar suas faltas

Houve uma época na minha vida em que eu era uma ávida perfeccionista. Adiava tudo até que a circunstância ou o tempo fosse perfeito. O que me surpreende é que meus amigos e minha família não tenham me abandonado, com todas as expectativas absurdas que eu tinha deles e de mim mesma. Então ocorreu uma coisa quando eu era líder de um grupo de escoteiros que fez minha cabeça virar do avesso.

Nosso grupo consistia de seis meninos, inclusive dois gêmeos chamados Pat e Mike. Quando preparávamos presentes para nossos pais, os gêmeos ficavam olhando um para o outro por cima dos ombros para ver se seus presentes eram idênticos. Em uma ocasião, nós fizemos enfeites de vidro pintado para o Natal. Dentro de forminhas de boneco de neve ou de estrela, colocávamos massa e contas de plástico enfeitando, depois o enfeite ia queimar no forno quente, para ganhar um aspecto de vidro pintado.

No final da reunião, às cinco horas da tarde, a massa estava quase pronta, mas se eles se atrasassem para o jantar seus pais ficariam preocupados. Seria melhor eu assar os enfeites depois que saíssem e no dia seguinte eles os apanhariam depois da escola. Até hoje não sei o que deu errado, mas quando eu tirei os enfeites do forno as contas tinham rolado e se misturado em cinco das seis fôrmas de metal. Cinco enfeites se estragaram e um saiu perfeito, o de Mike. Os presentes dos gêmeos não combinavam.

Telefonei para minha amiga Julie e expliquei que os meninos tinham dado duro para fazer os enfeites de Natal e que cinco estavam arruinados. O que eu lhes diria no dia seguinte quando eles fossem buscar suas criações? Julie respondeu que os índios americanos criavam de propósito uma imperfeição nos seus trabalhos artísticos de contas para se lembrarem de que somente Deus é perfeito – nós somos seres humanos imperfeitos. Ela disse também que muitos artesãos têm a tradição de criar imperfeições nas suas lindas colchas feitas a mão, pela mesma razão.

Depois da nossa conversa, eu fui à biblioteca e peguei um livro com ilustrações de cintos e outros artigos de contas feitos pelos índios. Lá estavam as imperfeições, bem visíveis. Então, pedi uma almofada de uma vizinha emprestada e vi que ela também tinha uma imperfeição. Quando os escoteiros foram à minha casa no dia seguinte, cinco deles quiseram saber por que eu tinha "estragado" seus enfeites, e o sexto, Mike, ficou se pavoneando sobre como seu enfeite estava lindo.

Eu contei, então, a história dos índios americanos que criavam imperfeições propositalmente nos seus trabalhos e mostrei as fotos do livro da biblioteca. Mostrei também a imperfeição da almofadinha redonda acolchoada que eu pedira à vizinha. Depois entreguei os enfeites e mandei todos para casa. Uns vinte e cinco minutos depois, a mãe de Pat e Mike me telefonou e disse: "Rita, de vez em quando eu peço uma explicação sobre as coisas que os meninos fazem nas suas reuniões. Hoje é uma dessas vezes. Você pode me explicar por que Pat está rindo de uma orelha à outra com o boneco de neve com a mancha verde na barriga e Mike está no quarto chorando porque o boneco dele está perfeito demais?"

Eu me lembro dessa história com o maior carinho, porque foi meu momento decisivo de perceber a diferença entre excelência e perfeição. E meu primeiro passo para superar o hábito de adiar as coisas. Eu creio que é uma idéia realmente boa (e pode ajudar a preservar sua sanidade mental) cultivar uma atitude de "lutar pela excelência, mas não pela perfeição".

Medo do Desconhecido

Esse medo é provavelmente o mais comum. As circunstâncias conhecidas podem ser horríveis, dolorosas e assustadoras, mas ainda assim são mais fáceis de lidar que os terrores do desconhecido. Algumas pessoas adiam a decisão de largar relacionamentos abusivos ou destrutivos, ou empregos negativos, porque preferem agüentar o horror do "que é" a enfrentar o terror do que "pode ser".

Lindsay adora ser veterinária, mas detesta o hospital de animais onde trabalha há dois anos porque ela e seu chefe não se entendem. Lindsay acredita que teria um salário melhor e seria mais reconhecida em outro lugar. Além disso, não levaria cerca de uma hora para chegar ao hospital devido ao tráfego pesado. Mas, ainda assim, não faz nada para encontrar um outro trabalho. Vai adiando a coisa porque sente um certo conforto em ficar nesse emprego onde é tão infeliz.

Medo de Julgamento

Você é o tipo de pessoa que vive falando "O que os vizinhos vão dizer?" ou "O que as pessoas vão pensar?". Se for, talvez se sinta imobilizado ao pensar no julgamento dos outros. Muita gente adia indefinidamente metas importantes porque não quer correr o risco de ser rotulada de preguiçosa, burra, boba ou idealista.

Medo de Cometer Erros

Esse medo inibe muitas pessoas, que não percebem que os erros podem nos ensinar importantes lições. Eu sempre digo aos meus filhos – com palavras e exemplos – que, quando cometemos erros, em vez de nos mortificar, devemos ver esses erros como uma parte inevitável da vida e questionar: "O que eu posso aprender com isso?"

Quando meu filho Robb tinha cinco anos, adorava comer manteiga e geléia de amendoim na torrada. Um dia em que estávamos ocupados no andar de cima na hora do lanche, Robb disse: "Pode deixar, mamãe, que eu faço o lanche." Minutos depois, senti um cheiro forte subindo pela escada. Eu desci e encontrei Robb olhando intrigado para a torradeira que soltava uma fumaça preta. Ele tinha colocado a manteiga e a geléia de amendoim no pão antes de enfiá-lo na torradeira. Muito assustado, perguntou: "Eu não sei o que devo aprender com esse erro. Qual é a outra forma de fazer a torrada?"

Aquele que nunca comete
um erro provavelmente
não está fazendo nada.

Quando você comete um erro ou se sente bobo, não se recrimine. Em vez de sofrer e questionar como pôde "ser tão burro ou tão errado", pergunte: "Qual é a outra forma de fazer isso?"

Os erros nos ensinam que deve haver outra forma de se fazer uma certa coisa. Thomas Edison falhou em 1.600 experiências até conseguir inventar a lâmpada. Quando um amigo lhe perguntou por que ele passava tanto tempo naquele projeto se não estava chegando a lugar algum, Edison respondeu: "É claro que eu cheguei a algum lugar. Aprendi que isso não funciona dessas 1.600 maneiras!"

O problema é que alguns proteladores têm tal medo de cometer erros, tal terror de não conseguir fazer uma coisa tão bem quanto achavam que deviam ou gostariam de fazer, que preferem não fazer nada. A possibilidade de cometer erros pode torná-lo um tímido protelador, ou você pode livrar-se desse medo e aceitar os erros como interrupções nos seus planos. Essas interrupções mostram quando é hora de você procurar uma nova direção.

Medo do Sucesso

Esse medo é uma das causas mais sutis da protelação. Algumas pessoas crêem (consciente ou inconscientemente) que o sucesso tem conotações negativas. Acham que as pessoas bem-sucedidas são egoístas, materialistas, esnobes e assim por diante. Outras crêem que o sucesso cria a expectativa de que você precisa ser cada vez melhor em tudo o que fizer. Se você suspeitar que pode estar "sabotando" seu sucesso, pergunte-se "O que aconteceria se...?" até chegar ao cerne do problema.

Considere a seguinte conversa que eu tive com uma colega de trabalho que estava escrevendo o que eu considerava ser um incrível romance de mistério. Embora dissesse que queria de todo o coração terminar o livro, há dois anos e meio não escrevia uma só palavra.

"O que aconteceria se você voltasse a escrever?", eu perguntei.

"Provavelmente, eu terminaria o livro", ela respondeu.

"E o que aconteceria se você terminasse o livro?"

"Ele provavelmente seria publicado. Todo mundo me diz que meu livro é ótimo."

"O que aconteceria se o livro fosse publicado?"

"Eu acho que ele poderia ser um best-seller."

"O que aconteceria se seu livro fosse um best-seller?"

"Eu ganharia muito mais dinheiro do que estou ganhando agora."

"O que aconteceria se você ganhasse muito mais dinheiro?"

"Hummmm... bom... eu acho que só continuo casada porque não consigo manter a mim e às crianças com o meu salário. Se eu estivesse ganhando muito mais..."

Naquele momento, ela percebeu que estava em dúvida. Será que continuava casada só porque precisava do apoio financeiro do marido? Ou será que ela queria tentar salvar seu casamento? Depois de reconhecer o motivo de seu medo, conseguiu voltar a escrever o romance.

Medo de Ter de Manter um Alto Padrão

Esse medo, uma variação do medo de sucesso, pode surgir quando você tenta alguma coisa nova e tem um grande sucesso. Foi o que aconteceu com o filho de Patricia, Connor. Ele sempre foi um estudante médio, mas quando recebeu seu primeiro boletim na sétima série ficou surpreso ao ver que tinha tido o melhor desempenho de sua vida. Entregou o boletim à mãe, não com um sorriso, mas com um ar de preocupação, e disse: "Por favor, não espere que eu faça isso de novo."

Será que o mesmo mecanismo está impedindo você de se esforçar ao máximo para realizar as coisas que sonha?

Medo de Mudança

Medo de mudança é uma apreensão natural levada ao extremo. A mudança é uma das grandes causas de estresse para muita gente. Por isso, muita gente adia mudanças na esperança de poder evitá-las.

Curt é um desses casos. Ele trabalhava em uma fábrica, mas queria trabalhar com computador. O problema é que vivia protelando a hora de preparar seu currículo e procurar um novo emprego. Tinha receio de trabalhar em um escritório abafado, com colegas mauricinhos, de terno e gravata, e ter de abrir mão do churrasco e do chope das sextas-feiras depois do expediente. Depois que reconheceu e enfrentou seus medos, Curt acabou trabalhando com computadores, coisa que o entusiasma, manteve seus velhos amigos, passou a se dar bem com os novos colegas e ainda tem tempo de tomar seu chopinho. O melhor de tudo é que ele não precisa trabalhar de terno e gravata.

Conclusão: identificar seus próprios medos lhe deu coragem para manter seus planos de vida.

Medo de Excesso de Responsabilidade

Esse medo faz com que as pessoas não dêem o máximo de si. Rachel e Steve, por exemplo, têm medo de assumir responsabilidade demais. Ela vem falando há mais de três anos em preparar um boletim informativo para sua associação profissional, mas receia que, depois que publicar o primeiro número, não seja capaz de manter a regularidade. Steve, por sua vez, fala sempre que quer ser técnico esportivo de um time-mirim, mas vive inventando desculpas. "E se eu não tiver ajuda alguma dos pais? E se os meninos forem difíceis demais de se lidar?"

Os dois só saberão as respostas quando começarem a cumprir suas metas, mas vivem adiando os planos.

Medo de Sentimentos

A pessoa que sofre desse tipo de medo vive deixando as coisas para depois. Não pelo medo de como está se sentindo *agora,* mas pela forma como *poderá* se sentir se agir de um modo específico. Ela quer evitar sentir raiva ou culpa ou experimentar alguma outra emoção desagradável.

Marion, por exemplo, vem tendo problemas com sua sócia, Nancy. Ela decidiu discutir o assunto, mas nunca encontra a hora certa de abordar o problema com a amiga. Para evitar um confronto, Marion vem adiando a conversa, mas isso a tem deixado estressada, com enxaqueca e dor de estômago.

Quando quiser empurrar uma coisa com a barriga porque tem medo dos sentimentos que ela pode trazer à tona, pense no que está sentindo agora por causa da protelação. Como já discutimos, adiar uma coisa que você detesta fazer é uma carga emocional mais forte do que seguir adiante e fazer o trabalho.

Medo de Terminar

Algumas pessoas têm medo de terminar o que estão fazendo porque não querem enfrentar outro trabalho chato em seguida. Para elas, alongar o máximo possível suas tarefas é a solução mais fácil.

Por outro lado, há quem tema terminar uma tarefa quando ela se torna confortável ou quando acrescenta um significado ou finalidade à sua vida. A pessoa começa, então, a fazer uma operação-tartaruga.

O medo de terminar um projeto também ocorre quando não se sabe se ele terá sucesso ou não. Kevin está construindo um barco no porão da sua casa há anos. Seus amigos implicam, dizendo que quando o barco estiver pronto será grande demais para passar pela porta do porão. Talvez ele não tenha medo de terminá-lo, mas tenha simplesmente perdido o entusiasmo inicial. Nesse caso está na hora de encontrar um jeito de livrar-se dele. Por outro lado, se estiver protelando porque tem medo de o barco não corresponder às suas expectativas, deve considerar se não está sendo perfeccionista. Talvez seja necessária uma modificação de atitude. De qualquer modo, Kevin sabe que pode escolher entre terminar o barco ou livrar-se dele.

Na maioria dos casos, depois que resolvemos fazer um projeto, também podemos resolver terminá-lo.

Medo de Rejeição

Todos temos medo de ser rejeitados. Tendemos a ver a rejeição em termos pessoais, como prova de que somos falhos ou imperfeitos — o que, de fato, somos, de uma forma ou de outra. Quando alguém diz não às nossas ofertas de venda ou a um convite, nós não ouvimos "Não, eu não quero comprar seu produto" ou "Não, eu não posso sair com você no sábado". O que ouvimos é: "Não, eu não quero nada que venha de você, criatura miserável e sem valor."

Craig, um vendedor de suprimentos, fazia qualquer coisa para não dar telefonemas, pois não sabia como enfrentar negativas. Resolveu, então, colocar um cartaz perto do telefone com a palavra "próximo" escrita em letras garrafais. Assim, quando alguém lhe diz "não", ele sabe o que tem de fazer: ligar para o próximo cliente.

Medo de Tomar Decisões Erradas

Você já ouviu alguém dizer – talvez para si mesmo – em tom de lamentação: "Eu ainda não consegui mudar de emprego... ou perder peso... ou visitar meu grande amigo... ou parar de fumar... ou alguma outra coisa?" Com freqüência, o problema não é mudar, nem visitar, nem parar. É *decidir*.

Tomar decisões deixa as pessoas malucas. Depois que resolvem, elas seguem em frente e fazem o que têm de fazer. Mas, na hora de decidir, ocupam-se com um milhão de outras coisas para tirar o problema da cabeça. Tomar uma decisão leva as pessoas a sentirem-se paralisadas. Quando o medo de errar é grande, muita gente adia a decisão até ter 100% de certeza. Há pessoas que preferem deixar que o outro tome decisões por elas, mas sentem-se agitadas e frustradas por isso. Eu sempre imaginei que um empresário esperto ficaria milionário se abrisse um escritório de tomada de decisões. "Digam que decisão vocês precisam tomar, paguem uma pequena fortuna e eu decidirei por vocês."

Uma cliente, Josephine, disse durante um workshop que prefere tomar uma decisão errada a deixar alguma coisa pendente: "Quando estou indecisa, meus pensamentos ficam tomados dessa idéia e eu não consigo pensar em mais nada." Outro participante, Tony, declarou que o medo fazia com que dissesse para si mesmo: "Vou tentar decidir mais tarde." Hoje, ele mudou sua atitude: "Eu sigo o conselho do mestre Yoda, da série *Guerra nas Estrelas*: 'Fazer ou não fazer. Nunca tentar.' Costumava ter dor de estômago, especialmente na hora em que tentava dormir. Agora, a dor passou porque tomo minhas decisões imediatamente, sejam elas certas ou erradas. Não deixo nada para mais tarde."

Talvez você tenha menos medo de tomar uma decisão errada do que de viver com as conseqüências dessa decisão. Mas nem todas as decisões são imutáveis. A maioria das escolhas é reversível.

Chris protelava a idéia de comprar um sofá novo. Desde o seu casamento, oito anos antes, ele usava o mesmo sofá, já velho e gasto. Ela e o marido economizaram, fizeram uma pesquisa de preço, escolheram o modelo, o tecido e a cor. Só faltava comprá-lo. Sete meses se passaram, mas Chris não fechou o negócio. Cada vez que pensava no sofá sentia-se apavorada. Percebi que ela tinha feito compras desastrosas antes. Sugeri que Chris não encomendasse um sofá, mas comprasse numa loja de pronta entrega que tivesse uma boa política de devolução. Se o móvel não combinasse com a decoração de sua casa, ela poderia trocá-lo por outro modelo. Foi exatamente isso que ela fez. Quando o sofá chegou, ela e o marido detestaram e resolveram trocá-lo por um de outra cor. Depois da troca, ficaram muito felizes com sua escolha.

Ken também tinha medo de tomar uma decisão errada em relação aos seus investimentos financeiros. Ele queria investir em um fundo mútuo, mas tinha medo de escolher o fundo errado e, por isso, não fez nada durante anos. Para superar sua inércia, começou a pesquisar quanto lhe custaria resgatar o fundo. Conseguiu, então, optar por um fundo ao saber que, se as circunstâncias mudassem, ele poderia retirar seu dinheiro por uma taxa razoavelmente baixa.

Se você está protelando uma decisão porque ela é (ou parece ser) irreversível, veja se há alguma forma de não se sentir sob tanta pressão. Talvez haja uma política de devolução, uma cláusula de cancelamento, ou uma forma de "mudar o curso" se a decisão não der certo.

Usando pesquisa e consultoria

Há pessoas que têm horror de tomar decisão porque se acham burras, inadequadas ou ignorantes. O que elas gostariam mesmo é de adiar para sempre a decisão. Acreditam que os outros sabem fazer as coisas, mas elas não.

A solução para esse dilema é fazer pesquisa ou procurar um consultor. Vejamos essas duas hipóteses em separado. Pesquisa não significa passar horas examinando estatísticas; significa falar com os amigos, com pessoas que compraram o que você deseja comprar, ou com quem tem experiência na área em questão. Você se surpreenderia ao ver como as pessoas ficam contentes (e sentem-se valorizadas) quando podem oferecer ajuda e dar conselhos.

Vendedores de produtos podem ser de grande ajuda na sua pesquisa. Se você estiver comprando um computador, por exemplo, vá a três lojas diferentes e peça que alguém lhe explique as características de vários computadores. Se o vendedor fizer pressão para que você compre, diga-lhe a verdade, diga que está comparando preços e desempenho, que ainda tem de ir a várias outras lojas, mas que talvez volte para comprar com ele. Quando sair da terceira loja, terá bastante informação, saberá o que perguntar e terá uma boa idéia do que gosta e do que não gosta. Se voltar a uma das lojas visitadas, poderá tomar uma boa decisão.

O mesmo ocorre se você tiver de fazer uma obra ou contratar um serviço. Peça a representantes de três empresas diferentes um orçamento sem compromisso. Se algum deles insistir para que assine logo o contrato, diga que está fazendo uma tomada de preços, que falará com outras pessoas, mas que talvez acabe fechando com a firma dele. Mais uma vez, você acabará com uma lista de perguntas inteligentes, muito conhecimento sobre o assunto e, quem sabe, até mesmo um preço melhor.

Às vezes, quando você pesquisa a solução de um problema ou um "sonho", se surpreende ao ver como ele é acessível. Gisela detestava o balcão feio e antiquado da sua cozinha, mas achava que teria de gastar uma fortuna para remodelá-lo. Fez uma tomada de preços e acabou instalando (com a ajuda do seu irmão) uma bela bancada nova por menos que a televisão barata que tinha comprado para a cozinha no ano anterior. Você aprende muito com esse tipo de pesquisa e vai se espantar ao descobrir como é divertido fazer isso.

E os consultores? Não é preciso pagar uma fortuna para uma firma de consultoria formal. Peça recomendações, ou, melhor ainda, convide um amigo que entende muito daquele assunto específico a fazer a compra junto com você. Se ficar sem jeito de pedir isso, diga que o convidará para almoçar, que lhe fará algum favor em troca, ou que lhe dará algum tipo de compensação. Pedir conselho a alguém que tenha prática em uma área que desconhece é um passo inteligente que ajudará você a tomar uma boa decisão.

Quanto mais experiência adquirir, mais confiante se sentirá. À medida que sua confiança for aumentando, seu medo diminuirá. Haverá momentos em que você se sentirá sem energia para tomar novas decisões e deverá fazer uma interrupção por algum tempo. Mas essa é uma atitude consciente e diferente de protelar ou evitar decisões por medo de errar.

Decisões prioritárias

Às vezes é preciso priorizar por ter decisões demais a tomar. Theresa passou semanas para comprar um DVD de quinhentos reais, mas gastou mil reais em roupas, sapato e maquiagem, sem muita consideração a respeito. Quanto maior for o peso da decisão, mais consideração e tempo ela merece. Theresa precisa pesar mais suas escolhas e eleger prioridades na hora de tomar uma decisão.

As conseqüências de não tomar uma decisão

Dizem que não decidir é por si só uma decisão. Isso é verdade, e pode ser um grande erro. As pessoas acham que adiar decisões torna a vida mais fácil. Pagam uma fortuna consertando o motor velho de um carro porque detestam tomar a decisão de comprar outro carro, mais novo. Vivem com aparelhos "engatilhados" que nunca funcionam direito, não por não poderem pagar por aparelhos novos, mas porque nunca decidem sair para comprá-los. Continuam fumando, bebendo demais ou usando drogas, jogando, comendo em excesso ou mantendo relacionamentos abusivos porque nunca decidem procurar aconselhamento ou pedir ajuda. Então, quando envelhecem, lamentam não terem aprimorado suas habilidades, nem seguido seus sonhos de construir uma vida melhor para si mesmas ou para suas famílias. Ficam imaginando o que deu errado, sem perceber que sua falta de decisão acabaria lhes trazendo problemas.

A maioria das pessoas não se arrepende de suas decisões erradas e sim das decisões que nunca tomaram.

Como Eu Supero um Medo?

Há medos demais para serem tratados. O importante é fazer duas perguntas a si mesmo e respondê-las com honestidade.

Primeira: "Do que eu tenho medo?" A simples identificação do medo em geral acaba com o poder que ele exerce sobre você.

Segunda: "E se meu maior medo acontecesse da forma mais horrível possível?" Digamos que alguém vire para você e diga: "Não, eu não compraria seu produto nem que minha vida dependesse disso." Obviamente, você sentiria uma grande mágoa, mas não sobreviveria? É claro que sim. O mesmo acontece se cometer um erro, parecer um idiota ou tomar uma decisão errada? É uma sensação horrível, mas não mata. Quando você sentir medo, aumente esse medo o máximo possível. Pense na pior coisa que possa acontecer. Você sobreviveria, não é? Às vezes, a pior coisa que poderia acontecer não é tão ruim como viver protelando tudo por medo.

Quando você identifica o seu medo e o enfrenta, quando decide que sobreviverá, talvez até aprendendo com ele, poderá começar a seguir adiante e a fazer tudo aquilo que vivia adiando. Então vai começar a tomar as rédeas da sua vida.

Pensamentos a Serem Considerados

O perfeccionismo NÃO é a busca do melhor. É uma procura do pior em nós mesmos, a parte que nos diz que nada que fizermos será bom o suficiente – que devemos tentar de novo.

Julia Cameron

O homem não faria nada se esperasse até poder fazer uma coisa tão bem que ninguém pudesse encontrar uma falha.

Autor desconhecido

Quando você aspira à perfeição, descobre que ela é um alvo móvel.

George Fisher

Não há tempo perfeito para escrever. Há apenas o agora.

Barbara Kingsolver

Pensamentos para Superar os Medos

Não devemos deixar que nossos medos nos impeçam de perseguir nossas esperanças.

John F. Kennedy

O que você tem medo de fazer é uma clara indicação da próxima coisa que precisa fazer.

Ralph Waldo Emerson

Pensamentos sobre Tomada de Decisões

A segurança é uma grande superstição. Não existe na natureza. A vida é uma aventura ou então não é nada.

Helen Keller

Certo ou errado, você encontra alívio quando toma uma decisão.

Thornton Burgess

Em qualquer momento de decisão,
a melhor coisa a ser feita é a certa;
a outra melhor coisa a ser feita é a errada;
a pior coisa a ser feita é NADA.

Teddy Roosevelt

CRÉDITO EXTRA

1. Na coluna da esquerda, liste cinco coisas que você está adiando neste estágio da sua vida.

______________________	______________________
______________________	______________________
______________________	______________________
______________________	______________________
______________________	______________________

2. Na coluna da direita, do lado oposto, liste o medo que está paralisando você.

3. Que medos, em geral, o levam a protelar as coisas?

____

____

____

4. Olhe a lista das 101 coisas que você vem adiando e selecione dez das que você tem mais vontade de fazer.

- Elas são diferentes dos cinco itens que você acabou de escrever?
- Que papel seu lado perfeccionista tem no adiamento? Você tem esperado o momento ou as circunstâncias perfeitas?

INSTANTES

(Nadine Stair, Kentucky, 85 anos)

"Se eu pudesse viver novamente a minha vida, na próxima trataria de cometer mais erros. Não tentaria ser tão perfeito, relaxaria mais. Seria mais tolo ainda do que tenho sido, na verdade bem poucas coisas levaria a sério.

Seria menos higiênico. Correria mais riscos, viajaria mais, contemplaria mais entardeceres, subiria mais montanhas, nadaria em mais rios. Iria a mais lugares onde nunca fui, tomaria mais sorvete e comeria menos lentilha, teria mais problemas reais e menos imaginários.

Eu fui uma dessas pessoas que viveu sensata e produtivamente cada minuto da sua vida. Claro que tive momentos de alegria. Mas, se pudesse voltar a viver, trataria de ter somente bons momentos. Porque, se não sabem, disso é feita a vida: só de momentos. Não percam o agora.

Eu era um desses que nunca ia a parte alguma sem um termômetro, uma bolsa de água quente, um guarda-chuva e um pára-quedas. Se voltasse a viver, viajaria mais leve.

Se pudesse voltar a viver, começaria a andar descalço no começo da primavera e continuaria até o fim do outono. Daria mais voltas de carrossel, contemplaria mais amanheceres e brincaria com mais crianças, se tivesse outra vez uma vida pela frente.

Mas, como sabem, tenho 85 anos e sei que estou morrendo..."

5
"Eu Quero Fazer Tudo"

IRONICAMENTE, HÁ MUITA GENTE que adia as coisas porque quer fazer tudo. E quer fazer tudo ao mesmo tempo. Quer o impossível.

Alguns proteladores tipo eu-quero-fazer-tudo são muito energéticos e ambiciosos, mas não são necessariamente movidos a dinheiro. Alguns lutam para sobreviver depois de um corte de pessoal na sua empresa e fazem o trabalho de dois ou três. Mas a pressão e o ritmo frenético não acabam quando eles saem do trabalho. Esse tipo de gente tem uma tonelada de coisas para fazer em casa e uma pasta cheia de papéis.

Mas não tem tempo para a família.

Nem para os amigos.

Nem para se divertir.

Nem para a vida.

Eu ouvi uma história engraçadinha de uma criança do primeiro grau que perguntou ao pai por que sua mãe levava tanto trabalho para casa. Quando o pai explicou que a mãe não conseguia terminar o trabalho do dia no escritório, a menininha de seis anos perguntou: "Então por que eles não põem a mamãe em um grupo com ritmo mais lento?"

Essa opção pode não existir, mas vale perguntar por que todos nós estamos sempre tão ocupados. Será que viver ocupado é um novo símbolo de status nos nossos dias? ("*Você* está sempre ocupado? Então ouça tudo o que *eu* tenho para fazer.") É como se viver ocupado correspondesse a ter sucesso: "Eu vou contar como ando ocupado para você saber como estou me dando bem na vida."

Você É um Protelador com Superatenção e Entusiasmo Natural?

Algumas pessoas adiam o início ou o fim de uma tarefa porque se sentem constantemente atraídas por novas atividades. São um misto do que eu chamo de "Superatenção com Entusiasmo Natural". Esse tipo de protelador pode estar totalmente envolvido em um projeto interessante, mas no meio do caminho é sempre atraído por uma coisa mais entusiasmante ainda.

Dottie, presidente de uma empresa de sucesso, é um exemplo típico. "Desde criança eu tinha essa atenção exacerbada", diz ela. "Vivia atenta e entusiasmada por alguma coisa e, nesse caso, só pensava naquilo, não via nem ouvia qualquer outra coisa. Nada mais no mundo existia. De repente, outra coisa tomava conta de mim e eu me entregava inteira a essa idéia e me esquecia do interesse anterior."

Esse tipo de protelação pode passar a controlar sua vida. Você acumula muitos projetos (mas não termina nenhum) porque no meio de uma idéia incrivelmente interessante surge outra mais interessante ainda. Sua agenda se empilha de dados, reuniões, festas e aulas. Você, em geral, lê mais de um livro ao mesmo tempo, liga a televisão e o rádio enquanto trabalha e, nas conversas, tende a passar de um assunto para outro, sem terminar nenhum deles. Esse comportamento tem como conseqüência uma vida de excitação, animação... e exaustão.

Ironicamente, muitos superempreendedores parecem mostrar essas características e, como a atenção deles varia de uma coisa para a outra, diversos projetos e planos ficam inacabados. Se você se identifica com esse perfil, não precisa sufocar sua curiosidade ou entusiasmo por novas coisas a fim de completar o projeto que começou. Experimente usar um relógio ou um *timer* para focalizar seu esforço na tarefa presente. Ou, quando tiver uma nova idéia enquanto está trabalhando em alguma outra coisa, deixe que o início desse novo projeto seja uma recompensa pela finalização da anterior. Usando essas e outras estratégias de antiprotelação, você aprenderá a prender-se a uma tarefa e voltar para ela em vez de abandoná-la quando alguma outra coisa chamar sua atenção.

Quatro Sinais de que Você É um Protelador com Superatenção e Entusiasmo Natural

1. Quando você está concentrado, não nota o que acontece à sua volta.
2. Quando você está no meio de um projeto, pega o telefone ou começa outro projeto.
3. Seu interesse pelas atividades é passageiro. Por exemplo, você se anima a plantar verduras no seu jardim, mas, na hora de colhê-las, não sente mais entusiasmo e deixa tudo apodrecer. Ou tem muitos hobbies que não foram adiante (sua casa está cheia de equipamentos esportivos e instrumentos musicais que nunca foram usados).
4. Sua mesa de trabalho ou da sala de jantar vive entupida de coisas, mas você consegue encontrar tudo no meio dessa pilha de papéis e de caixas.

Hora de Ter uma Conversa Franca com Você Mesmo

Se você é um protelador do tipo eu-quero-fazer-tudo, uma solução eficaz é negociar consigo mesmo, não necessariamente em voz alta. Toda vez que entrar nesse ritmo frenético, diga a si mesmo que é hora de delegar poderes, de eliminar tarefas, de escolher suas batalhas, de priorizar. Diga a si mesmo: "É importante terminar isso. A outra idéia terá de ser posta em banho-maria."

Quando meus filhos eram crianças, eu era mãe em horário integral e nós tínhamos muito pouco dinheiro, como a maioria das outras famílias que viviam com uma renda só. Eu ficava muito angustiada e preocupada quando não tínhamos o suficiente para pagar as contas. Um dia, li o poema "Jacintos para Alimentar Sua Alma" (ver boxe na página 81) e isso me ajudou a recobrar o equilíbrio. Esse poema tornou-se parte da minha filosofia de vida e, quando entrávamos no cheque especial, eu tirava um "dia livre" para ir ao zoológico ou a um museu, ou arrumava uma cesta de piquenique e explicava aos meus filhos que, mesmo quando estávamos sem um tostão, devíamos sempre lembrar de ter jacintos para alimentar nossa alma.

À medida que os anos se passaram, eu percebi que o tempo se tornara tão escasso e precioso para mim quanto o dinheiro. Na época em que eu me sentia como uma cobaia correndo dentro de uma roda, sem tempo para parar, planejar ou fazer uma interrupção, tinha de pular fora da roda e parar para me ligar à minha família ou simplesmente tirar uma folga. Percebi que meus filhos compreendiam esse conceito, pois quando as coisas em casa começavam a entrar em ritmo frenético um deles dizia: "É hora dos jacintos alimentarem nossa alma." E todos nós pulávamos fora da roda da cobaia e nos tornávamos humanos de novo.

Jacintos para Alimentar Sua Alma

De Gulistan Saadi

Se dos seus bens mortais você for privado,
E na sua pequena despensa
Somente restarem dois pães,
Venda um e com o dinheiro
Compre jacintos para alimentar sua alma.

À medida que nossa família crescia, fomos passando adiante essa filosofia. Em 1994, meu filho Robb casou-se com uma moça maravilhosa, chamada Michelle. Uma semana antes do casamento, Robb, Michelle e eu estávamos caminhando à beira de um lago com uma cesta de piquenique. Era um glorioso dia de outono – céu azul brilhante, árvores vermelhas e douradas, ar fresco – e a futura noiva, olhando para os pés enquanto caminhava, disse baixinho: "Só faltam seis dias para meu casamento. Eu tenho tantas coisas para fazer que preciso de uma lista gigantesca para listar todos os afazeres. Mesmo assim, aqui estou eu, ouvindo Robb dizer que você vai explicar por que estamos fazendo esse piquenique e que tem alguma coisa a ver com jacintos."

Eu ri e lhe falei da poesia e o que ela significava para mim. Foi uma tarde muito refrescante. Michelle disse que se sentiu muito mais centrada e equilibrada, muito mais focada no casamento como uma nova etapa de vida do que no frenesi de responder cartões, preparar a recepção e todos os outros detalhes.

Em 1996, Robb e Michelle tiveram um filhinho chamado Connor Patrick Emmett. Quando Connor tinha três meses de idade, Michelle estava se preparando para prestar exame para a escola de enfermagem. Um dia, ela me telefonou para perguntar se eu queria fazer um piquenique no parque com ela e Connor.

Eu argumentei que ela devia estar muito ocupada com seus estudos, com o bebê e tudo o mais. "Eu sei", disse ela. "Nós vamos tirar uma folga, e isso tem a ver com jacintos."

Ela tinha entendido! E eu espero que você entenda também. Quando estiver se sentindo atolado e sobrecarregado com excesso de trabalho, deve fazer uma pausa, pular fora da roda da cobaia e se "re-criar".

Você pode querer fazer tudo – desde que se lembre de que não pode fazer tudo de uma vez só. Em várias situações protelamos porque estamos sobrecarregados, ocupados demais, com compromissos demais. Se você é do tipo eu-quero-fazer-tudo, ama viver a vida plenamente. Toda idéia que lhe vem à cabeça é interessante. Toda causa parece válida. Toda atividade parece ótima. Todas as pessoas precisam de você. Então diz "sim" a tudo, depois se entope de compromissos... e protela as coisas que precisam ser feitas.

A Capacidade de Estabelecer Limites

O primeiro passo para quebrar o círculo vicioso é estabelecer limites. Quando lhe pedirem para fazer mais do que você pode, responda: "Eu adoraria, parece muito interessante, mas no momento não é possível." Ou: "Eu gostaria de ir a essa reunião social, mas neste mês não posso."

Há pessoas que acham que não precisam eliminar atividades da sua vida, mas marcam na agenda uns dias "de dizer não". Reservam um certo dia (ou parte do dia) para cuidar de suas coisas e não aceitam nenhum convite ou atividade que surja nesse intervalo e que possa interferir com esse tempo reservado. Algumas usam esses dias para cuidar de pequenas tarefas que vêm sendo adiadas há tempo. Outras usam esse tempo para planejar, reavaliar, estabelecer metas. E outras, ainda, preferem relaxar para se recuperarem um pouco da correria.

Quem tem agendas muito cheias mas consegue administrar

bem o seu tempo sem protelar aprendeu isso por conta própria. São pessoas que tiram uma folga durante o dia, agendam uma hora para se encontrar com os amigos, para relaxar ou para fazer alguma coisa que recarregue suas baterias. A exaustão resulta de:

- não se cuidar
- não lutar para equilibrar sua vida
- não dizer "não" quando é preciso.

Se você "quiser fazer tudo", talvez ache muito difícil de início dizer "não" a atividades ou separar algum tempo para si mesmo. Mas, com a prática, isso se torna cada vez mais fácil. E quanto mais tranqüilidade você tiver para dizer "não", mais controle terá sobre seu tempo e sua vida... e menos vontade terá de protelar.

Eu me lembro de uma lição específica que minha filha Kerry aprendeu sobre o valor de dizer "não". Certa noite, depois de dirigir um seminário de oito horas sobre administração do tempo, eu cheguei em casa e vi Kerry sentada na mesa com uma lista à sua frente. Ela estava desanimada, pois no processo de querer fazer tudo descobriu que não encontrava tempo para fazer nada, e tinha escrito uma lista de todos os grupos aos quais pertencia. "Mamãe, eu estou atolada de trabalho. Vou ter de parar alguma coisa."

Muito entusiasmada com o seminário recém-terminado, eu lhe disse: "Kerry, isso é incrível! Você acabou de descobrir um dos segredos básicos da administração do tempo. A maioria das pessoas não percebe que, quando ficam muito ocupadas, muitas vezes têm uma escolha. Podem dizer 'não' a algumas atividades."

Meu filho Robb, que estava passando pela sala, ficou surpreso. "Ei, mamãe, isso é mesmo um segredo da administração do tempo?"

"É. O segredo é que, quando as pessoas estão ocupadas demais, têm a escolha de dizer 'não' a algumas atividades."

"Você diz isso a todos nos seus seminários?"

"Digo."

"Então... por que leva *oito horas* para dizer isso?"

Pensamentos a Serem Considerados

Se você conseguir passar uma tarde perfeitamente inútil de uma maneira perfeitamente inútil, você aprendeu a viver.

Lin Yutang

Senhor, ajudai-me a selecionar o que devo fazer em primeiro, segundo e terceiro lugar, sem tentar fazer tudo de uma vez só e nada bem-feito. Dai-me a sabedoria para delegar o que posso e solicitar o que não posso delegar, para dizer "não" quando precisar e para saber quando voltar para casa.

Marion Wright Edelman

É fácil dizer "não" quando há um "sim" mais profundo queimando dentro.

Autor desconhecido

Eu posso me sentar à beira de um lago durante uma hora sem fazer nada. É um momento de sonho para mim. Organiza a minha alma.

Diane Sawyer

O tempo é o material do qual a vida é feita.

Benjamin Franklin

Se o tempo for gasto
Correndo por aí,
Sempre fazendo alguma coisa,
Eu preciso de um tempo de folga
Para me deitar
E aprender a não fazer nada.

Rita Emmett

Às vezes é preciso ir mais devagar para chegar mais rápido.

Ann McGee Cooper

CRÉDITO EXTRA

Se você tivesse todo o tempo do mundo e nada ou ninguém fazendo solicitações...

- O que você faria primeiro? ____________________

- E o que faria em seguida? ____________________

- E o que faria depois disso? ____________________

- Como se sentiria a respeito dessas realizações? ____________________

CRÉDITO EXTRA, EXTRA

1. Eu adio coisas importantes da minha vida porque as prioridades dos outros vêm sempre em primeiro lugar?

SIM NÃO

2. Eu me comprometo com tantas coisas que não tenho tempo de fazer nenhuma delas e sempre me sinto sobrecarregado(a)?

SIM NÃO

3. Eu acho que não preciso fazer todas as coisas que os outros fazem para administrar seu tempo?

SIM NÃO

4. Eu incomodo minha família e as pessoas que prezo quando estou sobrecarregado(a)?

SIM NÃO

5. Eu adio tarefas importantes para minhas finanças, relacionamentos, saúde ou carreira e faço outras coisas menos importantes?

SIM NÃO

6. Eu digo "sim" a tantos eventos "divertidos" que eles me cansam e deixam de ser divertidos?

SIM NÃO

7. Eu muitas vezes me sinto aos pedaços, frenético(a) ou exausto(a) porque estou sobrecarregado(a)?

SIM NÃO

8. Eu tenho tanto medo de perder alguma coisa que digo "sim" a tudo?

SIM NÃO

9. Eu passo tempo com pessoas ou grupos com os quais gostava de estar mas que agora não me divertem mais?

SIM NÃO

Se respondeu "sim" a qualquer dessas perguntas, parte do seu problema de protelação é que você precisa começar a dizer "não" a alguns pedidos.

6
"Socorro! Eu Estou Sobrecarregado"

UMA DAS PRINCIPAIS RAZÕES de as pessoas deixarem as coisas para depois é que elas ficam assoberbadas... desesperadas... atoladas. Sentem-se como se tivessem sido achatadas pelo rolo compressor das obrigações. Às vezes, têm tarefas demais a cumprir ou um projeto que lhes parece tão imenso, ou tão complicado, que simplesmente ficam paralisadas. Param de pensar, param de decidir, param de agir.

Na escola é comum que os estudantes se sintam sobrecarregados quando têm de estudar para as provas e fazer vários trabalhos escolares ao mesmo tempo. No trabalho, a sensação se repete quando a pessoa inicia um projeto ou se prepara para uma reunião importante. Em casa, simplesmente relacionar-se com a família e os amigos é um encargo muito pesado para muita gente. Tarefas sazonais, como preparar os papéis para o imposto de renda ou fazer um check-up, assumem proporções irreais. Diante de obrigações demais, em geral ficamos paralisados e não fazemos nada.

O segredo de lidar com essa sensação está contido no provérbio chinês: "Uma viagem de 10 mil milhas começa com um único passo." O.k. Você arranjou tempo e energia para dar um único passo, mas antes de fazer isso precisa definir exatamente qual o destino da sua viagem e quais os passos necessários para chegar lá. Para isso, precisa de um mapa para planejar sua rota e também precisa escolher o meio de viajar. E, à medida que o trabalho de planejamento for evoluindo, perceberá que essa longa viagem é composta, na verdade, de diversas pequenas viagens. Ou seja: no primeiro dia, você viaja do ponto A para o B, no dia seguinte do ponto B para o C, e assim por diante.

Planejando Passo a Passo

Uma boa idéia para organizar o pensamento é fazer uma lista de todos os pequenos trabalhos que fazem parte do seu imenso projeto. Se a lista for grande demais, subdivida-a em várias listas. Se você fez anotações em vários papéis e espalhou-os pela sua mesa, ponha tudo em uma única lista. Tente agrupá-las cronologicamente e definir prioridades. O que terá de ser realizado nesta semana, na semana seguinte e na próxima? Você pode fazer listas diferentes para telefonemas, trabalhos escritos, pesquisas, providências a tomar.

Depois que identificar todas as etapas que formam seu grande projeto, concentre-se em dar "um único passo". Focalize um item da sua lista, depois escolha quais serão os outros "passos únicos". Se descobrir que é simplesmente impossível fazer tudo, veja se há algum trabalho que pode ser deixado de lado sem comprometer o projeto. Agora sim, você está pronto para iniciar seu trabalho, cuidando de uma coisa de cada vez.

Há quem ache muito simples o ato de vender uma casa – basta estar com sua documentação em dia, anunciar, encontrar o comprador, negociar a forma de pagamento, fechar a venda e ponto final. Mas a verdade é que os proprietários e mesmo os corretores ficam absolutamente desesperados com tudo o que têm de fazer. A corretora Sharon Borkowicz desenvolveu um conjunto de normas sobre o que fazer depois que a propriedade é posta à venda. Trata-se de uma lista com 75 itens, desde escolher em que jornal anunciar até providenciar a avaliação e receber o sinal verde final.

Desta forma, Sharon assegura que todo o processo de venda será feito, nada será esquecido e, acima de tudo, faz com que as pessoas envolvidas no processo não se sintam assoberbadas e consigam dar um passo de cada vez.

Doze Dicas para Você Trabalhar com mais Eficácia

1. Anote suas idéias. Não confie na sua memória, por melhor que ela seja.
2. Estabeleça prioridades antes de começar o dia de trabalho.
3. Use suas horas de alta produtividade para projetos prioritários.
4. Trabalhe nos projetos longos em estágios separados.
5. Não agende coisas demais. Deixe algum tempo livre todo dia.
6. Concentre-se em um item de cada vez.
7. Faça interrupções. Levante-se e caminhe pela sala. Estique os braços. Coma fora da sua mesa de trabalho.
8. Estabeleça um lugar para tudo. Catalogue e arquive.
9. Mantenha sua papelada em dia.
10. Limite as visitas e os telefonemas.
11. Coloque coisas em todas as cadeiras próximas para que as visitas inesperadas tenham de ficar de pé.
12. Quando receber telefonema de alguém que gosta de conversar, pergunte com delicadeza o que ele deseja e avise que só pode lhe dar uns minutos de atenção.
13. Tire da sua mesa todos os papéis com os quais não está trabalhando para evitar misturar ou perder alguma coisa.
14. Cuide de cada folha de papel apenas uma vez.

Não jogue fora sua lista de tarefas. Guarde-a e use-a de novo. Muita gente que viaja a negócios freqüentemente diz que uma "lista do que levar" ajudou-os a eliminar aquele sentimento desesperante que tomava conta deles quando iam fazer a mala.

Os que Usam Listas, os que Perdem as Listas e os Negligentes

"Diga uma coisa, você telefonou para Zelda para perguntar sobre o orçamento?"

"Puxa, desculpe. Eu ando tão ocupado... nós estamos atolados de trabalho e tem acontecido muita coisa na minha família. Eu não tive tempo."

Todos conhecemos essa ladainha de desculpas. Talvez você até se desculpe consigo mesmo. Mas fato é que, em geral, você deixa de dar o telefonema (ou não faz alguma outra coisa que lhe pediram) não porque está muito ocupado, mas sim porque se esqueceu. E por que se esqueceu? Porque não anotou na lista de coisas a fazer.

As listas são importantes porque:

- ajudam a lembrar das coisas
- mantêm o foco
- são motivadoras e orientadoras
- proporcionam o estabelecimento de metas
- auxiliam na definição de prioridades
- dão alegria quando você risca o que já foi feito
- permitem que se visualize as tarefas
- organizam e esclarecem seu pensamento (e podem fazer com que você saia do genérico para o específico).

Algumas pessoas que não têm o hábito de fazer listas de tarefas acordam de manhã, ou aparecem no trabalho, e dizem: "Eu não sei o que vou fazer hoje." Elas esperam que o telefone toque ou que o chefe lhes dê uma ordem para planejarem seu dia. Passam a vida sem rumo, de crise em crise, sem prioridades, "apagando incêndios" em vez de evitá-los. Na maior parte do tempo, essas pessoas realizam trabalhos sem importância e, ao mesmo tempo, reclamam que "têm coisas demais a fazer". Ou seja, vivem de forma improdutiva e ineficiente.

Quando você faz listas, acaba fazendo o que tem de fazer de forma específica e exata. Entretanto, mesmo as melhores listas são inúteis se as anotações são feitas em pedaços avulsos de papel, em envelopes amassados ou nas costas do comprovante de depósito bancário e ficam espalhadas por todo lado, enfiadas em carteiras e bolsas. Não adianta registrar religiosamente tudo em uma lista se você não consegue se lembrar onde a colocou.

Por que algumas pessoas vivem escrevendo e perdendo listas? A resposta é simples: falta organização pessoal. O segredo é estabelecer um lugar para pôr sua lista e consultá-la sempre. Algumas pessoas prendem as listas na porta da geladeira, na carteira ou na bolsa, na mesa de trabalho ou junto do computador. Se você mantém uma agenda de compromissos, escreva sua lista, consulte-a e coloque-a de volta na agenda. Não importa onde seja, desde que você consiga encontrá-la.

Lei de Emmett sobre Perda

Se certas coisas na sua vida são sempre difíceis de serem encontradas, é porque provavelmente não estão guardadas em um lugar apropriado.

Eu conheço gente com família grande ou que vive em casa movimentada, mas que tem um esconderijo especial para suas listas diárias. Uma mãe de seis filhos me contou, por exemplo, que esconde a lista por trás de uma molheira que fica guardada na prateleira superior do armário da cozinha. Isso me pareceu estranho, mas ela disse que faz isso há mais de 15 anos. Antes de usar essa técnica, seus filhos viviam tirando as listas do lugar ou usando-as como papel de rascunho.

O truque é encontrar um lugar para guardar a lista e consultá-la todo dia. Manter e preservar sua lista se tornará um hábito. Os bons hábitos são tão fáceis de serem criados quanto os maus. Se você perde listas porque escreve tudo em pedacinhos de papel, a solução é simples: compre um *bloco* de papel. Há blocos de todas as cores, e as pessoas vão acabar dizendo: "É papel azul. Deve ser a lista de Maureen. Não mexa nisso." Meu marido, Bruce, usa uma prancheta vermelha, do tamanho de um papel ofício. Parece um pouco estranho aquela coisa solta pela casa, mas, pelo menos, é difícil perder uma prancheta vermelha, grande, de tamanho ofício.

Crie o hábito de juntar todas as listas e recados de telefone do dia em uma folha da sua caderneta, ou de seu bloco. Ruth, engenheira ambientalista, mantém uma caderneta espiral na gaveta de cima da sua mesa de trabalho. Quando recebe uma pilha de recados telefônicos tipo "enquanto você estava fora", copia o nome e o telefone na caderneta. Isso evita que muitos papéis com recados fiquem soltos pela mesa e acaba com o caos que eles criam.

Uma dica importante: coloque a data no alto da sua lista e não destaque as páginas depois que terminar as tarefas da lista. É uma sensação maravilhosa folhear as páginas anteriores de vez em quando e constatar o que você já realizou. E, quando você ficar pensando "Será que eu dei aquele telefonema?", olhe nas páginas anteriores para ver se o telefonema foi dado e em que data, marcada no alto da página. Uma vantagem extra: se você não registrou o número do telefone e precisar dele de novo, ele ainda estará na sua caderneta.

E se você perceber que toda vez que cria uma nova lista fica copiando itens inacabados da lista antiga? Está na hora de tomar uma decisão. Ou você faz a coisa hoje, ou estabelece uma data para fazer e marca essa data na agenda, ou resolve que nunca irá fazer a coisa. Se você resolver não copiar um item da sua lista antiga para a nova, escreva ao lado "Omitir" ou "Não é prioritário". Isso ajuda a não ficar confuso. Quando você olhar para trás para ver se fez uma coisa, não ficará imaginando se o item foi riscado porque foi feito ou se você decidiu não fazer. Ao ler "Omitir" ou "Não é prioritário", saberá que tomou uma decisão definitiva baseada no tempo disponível e em prioridades. É claro que algumas circunstâncias mudam. Se de repente passar a ser importante fazer aquela coisa, você poderá acrescentá-la de novo à sua lista, mas certifique-se de que será uma das primeiras providências a serem tomadas naquele dia.

Além da falta de organização, há outra razão para as pessoas perderem suas listas. Você pode estar fazendo a lista para agradar a alguém (talvez a você próprio) e depois a perde como uma forma de rebeldia. Fica a pergunta: você perdeu a lista porque não quer fazer – não tem a menor intenção de fazer – um único item dela? Espere um minuto para responder à próxima pergunta: quem você está prejudicando perdendo a lista?

Centro Portátil de Projetos

De vez em quando aparece um trabalho que exige mais que escrever listas. Se precisar compilar estimativas de custo de fontes diferentes, guardar recibos ou acumular muitas informações em papéis, crie um Centro Portátil de Projetos. Todas as informações ligadas ao seu projeto podem ser enfiadas numa pasta ou anotadas na caderneta espiral que foi comprada para este fim. Use as páginas de trás da caderneta para registrar números de telefone importantes e guarde recibos, desenhos, panfletos, fotos, páginas rasgadas de revistas e catálogos, gráficos, levantamentos de preços, e tudo que for ligado ao seu projeto na pasta. Caso você tenha vários projetos correndo em paralelo, pode recorrer a uma pasta com divisórias ou a um arquivo vertical com pastas suspensas.

Um bom truque é encontrar um lugar seguro para guardar sua

pasta e criar o hábito de colocá-la sempre nesse lugar. Use pastas com cores diferentes para cada projeto. Enquanto você trabalha em um determinado projeto, verifique, com freqüência, a lista de tarefas, mas dê um passo de cada vez, cuide de um problema de cada vez. E sinta a satisfação de riscar os itens à medida que eles vão sendo terminados.

Georgia, gerente de relações externas de uma grande empresa, planeja e coordena a realização de duas conferências todo ano. Ela organiza a papelada dos eventos em pastas coloridas e sempre tem uma caderneta da mesma cor da pasta para cada projeto. Com esse sistema de pastas e cadernetas, ela fica com as informações necessárias à mão. E, quando o evento acaba, possui o registro de tudo, desde a primeira lista de idéias sobre o tema até brochuras dos locais potenciais selecionados para a conferência, material para os apresentadores, brindes, publicidade, etc.

Qual É a Melhor Hora para Fazer Sua Lista?

A melhor hora de fazer sua lista, ou de executar quase qualquer tarefa, depende do seu horário interno. Você é uma pessoa diurna ou noturna? Os diurnos saem da cama e sentem-se acordados imediatamente. Conversam, cantam e sapateiam pela casa. Mas, entre oito e meia e dez horas da noite, começam a murchar, a fechar e a encolher. Para eles, o dia termina cedo.

Os noturnos já têm dificuldade de acordar. Precisam de algum tempo para se abrir para a vida. Alguns andam pela casa tomando café, outros ficam sentados em silêncio, ignorando os outros ou o caos que os cercam. Alguns se escondem por trás do jornal da manhã, outros se refugiam no banheiro. Mas, por volta das nove horas da noite, quando as pessoas diurnas começam a entrar em estado de torpor, as noturnas abrem bem os olhos, como se uma onda de energia passasse pelo seu corpo, e com uma expressão brilhante e entusiasmada elas gritam: "Agora eu estou pronta para viver a vida!" Ironicamente, os diurnos em geral se casam com noturnos, e vice-versa.

Não importa se você é uma pessoa diurna ou noturna, na hora de escrever listas – ou de executar qualquer coisa – siga seu horário interno sempre que possível. Os diurnos são ótimos para fazer listas logo de manhã, mas os noturnos não fazem nada bem a essa hora. Jim, um analista de sistemas, é um ser noturno, por isso a última coisa que faz antes de terminar o dia de trabalho é preparar sua lista para o dia seguinte. Ao chegar no escritório pela manhã, sua lista ajuda-o a seguir na direção certa.

Vamos supor que você tenha adquirido o hábito de fazer listas, nunca as perde mas não consegue disciplinar-se para escrever uma lista todo dia. Não faz mal. Muita gente acha difícil fazer uma lista diária. Use o sistema de listas para as ocasiões que você estiver sobrecarregado ou – Deus o livre disso! – protelando as coisas.

Questionário Rápido

1. Quais são as horas mais produtivas do seu dia?
2. Em que você é mais produtivo?
3. O que você come nas refeições ou a quantidade que come afeta sua produtividade? Você sente preguiça depois do almoço?
4. O exercício afeta sua produtividade? Você se sente mais energizado nos dias em que se "movimenta" mais?

Preciosos Espaços Livres de Tempo

Por que algumas pessoas nunca encontram tempo para fazer o que pretendem e outras sempre encontram?

Um dos grandes segredos dos grandes empreendedores e antiproteladores é que eles sabem que os dias são cheios de espaços livres para quem aprende a reconhecê-los e a usá-los.

Enquanto os proteladores perdem um tempo precioso esperando uma hora livre para pagar algumas contas, ou uma tarde livre para separar pilhas de papéis, ou um sábado livre para limpar a garagem ou fazer contato com um amigo ou alguma outra pessoa, os antiproteladores aceitam as seguintes verdades universais:

1. Horas, tardes ou dias inteiramente livres raramente acontecem na vida sem um esquema e um planejamento. Mesmo assim, não conte com isso.

2. Por mais importante que seja o seu projeto ou por mais planejamento que você tenha feito, há sempre interrupções. Muitas. Conte com isso.

3. Queixar-se das interrupções e ficar estressado por isso não resolve nada e não acaba com elas. Às vezes você pode eliminar a fonte das interrupções (tire o telefone do gancho, faça seu trabalho no biblioteca, feche a porta do escritório), mas isso nem sempre é possível.

4. Se as interrupções fizerem você começar e parar seu projeto, é melhor planejar o trabalho com começos e paradas.

Durante os telefonemas, Juanita aproveita o tempo para ler páginas de um livro, estrategicamente colocado em cima da sua mesa de trabalho, sobre dicas de marketing.

Beth leva quase 30 minutos no metrô para ir de casa para o trabalho (e mais 30 minutos para voltar). Em vez de ficar sentada, sem fazer nada, ela leva cartões e canetas na bolsa e aproveita para escrever umas linhas para os amigos ou clientes. Já o marido de Beth, Charlie, vai trabalhar de carro e aproveita o tempo no trânsito para gravar idéias em um gravador portátil, que ele guarda debaixo do banco do carro.

Mesmo nos seus dias mais ocupados, você pode conseguir uns

dez minutos livres aqui, outros 20 minutos ali. Quanto tempo você poderia usar se trabalhasse nas suas listas ou desse início a projetos de dez minutos enquanto espera uma reunião começar, sua hora no dentista ou seus filhos saírem do colégio? Você pode:

- fazer planejamentos
- conferir sua lista de tarefas
- dar um telefonema
- verificar sua correspondência
- dar uma olhada em um relatório, carta, revista ou livro.

Portanto, procure os espaços livres e decida como utilizá-los. Uma olhada na sua lista pode ajudar a descobrir o que fazer com esse tempo. Por incrível que pareça, quanto mais você reconhece e usa esse precioso tempo livre, mais ele parece se multiplicar.

A Arte do Tempo Invertido

Outra excelente estratégia a ser usada quando você sente essa sobrecarga é estabelecer prazos intermediários. O objetivo é trabalhar de trás para a frente, estabelecendo prazos falsos para si mesmo. Meu marido, Bruce, editor de vídeo, chama isso de "tempo invertido".

Considere as seguintes situações:

- Seu chefe quer o relatório mensal pronto em cima da mesa dele amanhã e você ainda nem decidiu sobre o quê vai escrever.
- O Natal é daqui a dois dias e você ainda nem pensou nos presentes que vai comprar.
- Sua prova final é amanhã à tarde e você ainda nem deu uma olhada nas suas anotações.
- As dores de parto estão com intervalo de cinco minutos e você ainda não fez as malas para o hospital.

Em cada um desses casos, o prazo iminente nos força a entrar em uma atividade febril. Os prazos acabam com nossa protelação, descarregam nossa adrenalina, nos motivam. É claro que também dão um aperto no coração, causam dor de estômago e muitas vezes manchas na pele, dor de cabeça, insônia, ou algum outro efeito colateral, mas nos impulsionam para a frente.

A forma de acentuar o lado positivo dos prazos e eliminar o estresse negativo associado a eles é estabelecer vários prazos. Embora eles possam parecer artificiais de início, farão com que você se organize melhor, tornarão seu projeto mais viável e vão forçar você a pensar nas coisas com antecedência. Com o tempo, essa forma de planejar se torna um hábito.

Estabelecer prazos artificiais também elimina situações em que você descobre que precisa desesperadamente de alguma coisa, mas é tarde demais para conseguir. Exemplo: você tem apenas um dia para preparar sua apresentação de vendas. Tudo bem, pois sabe que pode fazer isso em um dia. Mas fica apavorado quando percebe que Ivan é a única pessoa que pode lhe passar umas estatísticas absolutamente necessárias, e ele saiu de férias no dia anterior. Um prazo artificial teria funcionado maravilhosamente.

Como esse prazo artificial funciona? Você começa no prazo real e trabalha de trás para a frente, estabelecendo prazos intermediários para terminar parte do seu projeto total. Você inverte o tempo. Digamos que você queira veicular no jornal local um informe publicitário sobre o apoio da sua empresa à construção de uma creche para crianças carentes, que será inaugurada no dia 30 de maio. Você verifica o calendário e decide que quer que seu artigo saia uma semana antes, no domingo, 23 de maio. Telefona para o jornal e descobre que o informe tem de ser enviado, pelo menos, uma semana antes para ser publicado nesse dia. Isso significa que precisa ser entregue no dia 14. Você estabelece um prazo para si mesmo de escrever o artigo até o dia 7 de maio, o que dará bastante tempo para ele ser diagramado, revisado e enviado no dia 14. Se não tivesse estabelecido prazos intermediários, provavelmente só teria começado a pensar em escrever o artigo quando fosse tarde demais.

Começando no prazo, você criará uma lista cronológica de trabalho. Às vezes, quando se está planejando um casamento, alguém entrega uma lista e explica: "Faça isso com seis meses de antecedência. Faça aquilo com cinco meses de antecedência." Infelizmente, nós não temos gente que nos passe listas de trabalho esquematizadas para nossos projetos diários, mas podemos fazer essas listas por conta própria – pensando de trás para a frente, invertendo o tempo.

Depois que você cria o hábito de inverter o tempo, descobrirá que isso se aplica a inúmeras atividades. "O avião decola às cinco horas, nós temos de estar no aeroporto às três, então planejaremos sair de casa às duas. Sua irmã está passando uns dias conosco, é uma pessoa a mais para usar o banheiro, então vamos todos começar a nos aprontar ao meio-dia e meia."

Quando você cuidar de um projeto de trás para a frente, use sua imaginação para visualizar o que está acontecendo. Quando planejar fazer uma apresentação para um cliente, por exemplo, pense no que vai precisar para começar a trabalhar. Depois estabeleça um prazo com antecedência para juntar todo o material, em vez de começar a apresentação e depois entrar em pânico.

O hábito de inverter o tempo tornará seu projeto mais viável, ajudará a prever as dificuldades e eliminará grande parte daquele estresse de última hora.

Qualquer que seja o sistema que você decidir usar quando estiver à beira de um ataque de nervos, não tente sair dessa situação dormindo, navegando na Internet, lendo, jogando no computador, vendo televisão, ou qualquer outra coisa usada para protelar. Subdivida o trabalho em pequenos passos, eleja prioridades e comece dando aquele primeiro passo.

Pensamentos a Serem Considerados

Pergunta de Lakein: Qual é o melhor uso do meu tempo neste momento?

Alan Lakein

A pessoa que desperdiça o hoje lamentando o ontem desperdiçará o amanhã lamentando o hoje.

Philip M. Raskin

O teste para descobrir se sua missão na Terra está terminada é o seguinte – se você estiver vivo, não está.

Richard Bach

Os realmente infelizes são aqueles que não fazem o que podem fazer e começam a fazer o que não compreendem. Não é de admirar que se entristeçam.

Johann Wolfgang von Goethe

Eu prefiro ser um fracasso em alguma coisa que me agrada do que ser um sucesso em alguma coisa que detesto.

George Burns

O sucesso nunca é final, o fracasso nunca é fatal. É a coragem que conta.

Winston Churchill

Você só estabelece o curso da sua viagem quando sabe onde se encontra.

Autor desconhecido

Mesmo que você esteja na pista certa será atropelado se ficar sentado nela.

Will Rogers

CRÉDITO EXTRA

Este exercício é uma forma instigante de inverter o tempo e também de estabelecer um plano de vida. Você pode fazer isso várias vezes, à medida que suas metas e prioridades vão mudando.

Imagine como você gostaria de ser daqui a dez anos. Depois preencha o seguinte como se hoje fosse a data futura:

- Data (dez anos a partir de hoje): ______________________

- Onde você mora: ______________________________
____

- O que você está fazendo: ________________________
____

- Com quem você está: ___________________________
____

- Em que já trabalhou: ___________________________
____

- Seu momento de maior orgulho nos últimos dez anos: ______
____

- Um típico sábado: ______________________________
____

- Coisas que você possui: ______________________________
____

- Como você mudou como pessoa: ________________________
____

- Para que lugares já viajou: ___________________________
____

Agora volte e diga uma coisa que pode fazer no próximo ano para deixá-lo mais próximo de cada uma dessas metas em dez anos. O que você pode fazer na próxima semana?

PARTE III

Estratégias para Superar a Protelação

7
"Planeje um Tempo para Planejar!"

Uma forma muito popular de protelação chamada "mergulho" deriva de um antigo ditado: "Azar para o planejamento, eu vou mergulhar direto nisso."

Infelizmente, quando você mergulha em um trabalho sem fazer qualquer planejamento, freqüentemente prejudica o trabalho inteiro porque muitas coisas dão errado e o trabalho se arrasta por muito mais tempo do que o previsto.

Você fica tão aflito porque nada funciona direito que deixa o trabalho inacabado e se esquece dele.

Quando você completa o projeto, cria uma idéia negativa sobre ele, e toda vez que pensa em fazer algo parecido adia a hora de começar porque se lembra de que levou um tempo enorme para terminar o trabalho, o que gerou uma enorme irritação.

Sean volta e meia "mergulha" no conserto do seu carro sem pensar em nada com antecedência. Desmonta o carro e depois descobre que precisa comprar alguma peça. Como o carro está desmontado, ele tem de improvisar uma forma de buscar a peça de que precisa – encontrar alguém que compre a peça para ele ou que o leve até a loja. É claro que fica irritado. Tem de tirar a graxa das mãos para poder entrar na loja, e já aconteceu de chegar tarde e encontrar a loja fechada. Então teve que remontar o carro sem consertá-lo ou deixá-lo parado até o dia seguinte. Não é preciso dizer que Sean detesta consertar o carro e protela o conserto o máximo possível.

Com um pouco de planejamento, ele poderia prever o que precisaria para fazer o conserto, ou pelo menos verificaria com antecedência se a loja de peças estava aberta e se alguém se disporia a levá-lo até lá. Teria poupado muito tempo, energia e frustração.

> **Dica Rápida**
>
> Separe um tempo para planejamento todos os dias.

O Processo de Planejamento

Para planejar um projeto você não necessita de gráficos nem de reuniões, é preciso apenas reservar um pouco de tempo para calcular que ferramentas, recursos ou serviços serão necessários e como você vai lidar com o projeto.

Uma boa forma de lembrar desses passos é:

Ter tempo para pensar
Fazer a lista por escrito
Conversar
Usar a imaginação.

Até aqui nós só falamos do primeiro passo, "ter tempo para pensar". Vamos agora ver os outros passos, um de cada vez.

Fazer a lista por escrito

Mark Victor Hansen, co-autor da série *Histórias para Aquecer o Coração*, diz: "Não pense, escreva suas idéias." Faz sentido. Enquanto seu plano está na sua mente, ele é pouco claro e os detalhes não são percebidos.

Depois que escrever sua lista de planejamento, descobrirá se é uma lista de coisas a fazer (e que precisam ser organizadas por prioridade), ou se é uma lista de necessidades, envolvendo ferramentas e compras. Por exemplo, você pode escrever "ir ao mercado" na sua lista de coisas a fazer e preparar uma lista em separado de vários alimentos que precisam ser comprados.

Sue produz eventos especiais para mais de mil empregados de uma cervejaria e tem o hábito de fazer duas listas para cada evento. Funciona da seguinte forma: uma lista tem as coisas a fazer (selecionar o tema, marcar reuniões de comitê, criar entretenimentos, encontrar-se com a banqueteira, encomendar presentes para as crianças, comprar objetos para decoração, planejar peças de marketing, contratar um fotógrafo), outra tem as coisas a serem encomendadas ou compradas (brinquedos, cestinhas de flor para as mesas, brindes de festas, balas, bolas de ar e cartões de agradecimento para as pessoas que ajudam a planejar a festa).

Conversar

É preciso conversar sobre o seu projeto ou tarefa com os outros e ouvir o que eles têm a dizer. Você ficaria surpreso de ver quantas dicas úteis, técnicas, idéias e estímulo pode receber. Alguém poderá até se oferecer para ajudar você no projeto ou mesmo para emprestar um equipamento que irá facilitar o seu trabalho.

Durante anos, Aline quis mudar de carreira mas não sabia como ou o que fazer a respeito disso. Finalmente, decidiu preparar um plano para mudar de profissão e começou a conversar com os amigos e amigas sobre o assunto. Ela ficou surpresa com os conselhos que recebeu e encantada quando uma amiga lhe falou sobre uma boa oportunidade e ajudou-a a marcar uma entrevista na empresa em que trabalhava. Ao ser contratada, Aline percebeu que mudar de carreira não era tão complicado e se arrependeu de ter protelado a decisão durante tantos anos. Às vezes, quando se está confuso a respeito de alguma coisa, conversar sobre o problema ajuda a encontrar uma solução.

Usar a imaginação

Uma das melhores ferramentas de planejamento é a sua imaginação. Tire uns minutos para se imaginar fazendo um trabalho, imagine cada passo do projeto, cada ferramenta, papel ou formulário necessário, cada pessoa envolvida, e o que você precisaria dessas pessoas. Depois que visualizar tudo o que tem a fazer, se surpreenderá ao ver como o trabalho flui com facilidade.

> **DICA RÁPIDA**
>
> Planeje seu trabalho.
> Trabalhe o seu plano.

Padre John me telefonou e pediu que eu fizesse um seminário na sua igreja. A data que ele marcou caía bem no meio de uma semana extremamente atribulada para mim e eu não tinha certeza se poderia incluir esse seminário na minha agenda. "Eu vou me imaginar vivendo essa semana, depois lhe telefono", disse a ele. Depois de estudar minha agenda e imaginar a distribuição do tempo para aquela semana, telefonei para John e aceitei a data que ele marcou.

Ele disse que tinha gostado da minha idéia de imaginar a semana que teria pela frente e que experimentaria fazer isso também para se organizar. Esse truque torna mais fácil tomar uma decisão realista sobre seu tempo. Com isso, você evita o nervosismo que resulta de dizer "sim" a qualquer projeto que parece divertido ou que "precisa" ser feito, mas que vai causar estresse quando tiver de ser realmente colocado em prática.

A história de Sylvia ilustra os problemas que podem surgir por não usarmos a imaginação quando há um trabalho a ser feito. Ela era recepcionista de uma pequena clínica de pediatria, e os médicos lhe perguntaram se estaria disposta a decorar a sala de espera. Sylvia aceitou com alegria porque adorava fazer esse tipo de coisa. Os médicos queriam que os pacientes infantis apreciassem o ar festivo de comemoração antecipada em cada feriado do ano. Compraram corações para o Dia das Mães, coelhinhos para a Páscoa, Papai Noel e renas para o Natal. Mas Sylvia protelava tanto as decorações que só conseguia aprontar a sala uns três a quatro dias antes do feriado.

Desculpava-se, dizendo que daquela vez tinha ficado atolada de trabalho, mas que na próxima a decoração estaria pronta bem antes do tempo. Os médicos, frustrados, perguntaram se ela achava que aquilo não fazia parte do seu trabalho. "De jeito nenhum", protestou Sylvia.

"Você gostaria de comprar as decorações por conta própria?", perguntaram eles.

Mais uma vez Sylvia protestou. "Não, eu gosto muito do que nós temos aqui." E mais uma vez esperou até a última hora para fazer os arranjos decorativos.

Na verdade, Sylvia evitava decorar a sala porque era cansativo e, no dia seguinte, suas pernas e pés ficavam doídos. Ela tinha de subir na escada, descer para pegar a fita adesiva e subir de novo umas 12 vezes. Depois descia para pegar a tesoura e às vezes tinha de procurar pela sala inteira uma cola ou um marcador colorido. Nada disso aconteceria se Sylvia tivesse planejado o trabalho, juntado todos os acessórios necessários, comprado o que faltava (mais fita adesiva, tachinhas, martelo, pregos, todos os tipos de fitas) e colocado tudo em uma caixa que pudesse ser levada para todo lado, inclusive quando ela subisse a escada. Isso acabaria com as subidas e descidas, reduziria pela metade o tempo de trabalho e, mais importante, eliminaria sua fonte de irritação. Se Sylvia usasse a imaginação no processo de planejamento, acabaria gostando de decorar a sala.

Dica Rápida

Se você fracassa porque não planeja, está planejando seu fracasso.

A vida se torna muito mais fácil quando você cria o hábito de planejar, em vez de mergulhar de cabeça no projeto sem qualquer preparação. O trabalho é mais suave e termina mais depressa, e a qualidade do projeto acabado em geral melhora. Na próxima vez em que você for executar um projeto, tire uns minutos para pensar nele, ponha sua lista e suas idéias no papel, fale do projeto com os outros e use a ferramenta de planejamento mais maravilhosa e mais notável – sua imaginação.

Quando você se tornar um planejador, começará a controlar seu problema de protelação.

Pensamentos a Serem Considerados

Cada minuto gasto com planejamento poupa três a quatro com execução.

Crawford Greenwalt

Registrando seus sonhos e metas no papel, você põe em ação o processo de se tornar a pessoa que mais deseja ser.

Mark Victor Hansen

Se você não sabe para onde está indo, nenhuma estrada o levará a lugar algum.

Henry Kissinger

Se você precisar começar, vá até o final, pois, se começar e largar, o que ficou para trás sem ser terminado irá persegui-lo todo o tempo.

Chogyam Trungpa

O primeiro passo indispensável para conseguir as coisas que você deseja da vida é decidir o que você quer.

Ben Stein

Você precisa ter metas de longo alcance para não se sentir frustrado com os fracassos de curto alcance.

Charles C. Noble

Tudo que você deseja está lá fora esperando por você. Tudo que você deseja também o deseja. Mas você tem de entrar em ação para conseguir.

Jack Canfield

CRÉDITO EXTRA

1. O que você espera ter realizado na vida daqui a cinco anos?

____

____

2. Que planos, prioridades e esperanças você gostaria de realizar daqui a um ano? ____________________

____

____

3. Qual é o seu plano para o próximo mês? ________________

____

4. Qual é o seu plano para a próxima semana?

____

____

5. Qual é o seu plano para hoje? ________________________

____

____

8
Arrumando a Confusão

A ADMINISTRAÇÃO DO TEMPO MUDOU ao longo dos anos. Recentemente, um palestrante disse: "Antigamente o conselho era 'Cuide de cada folha de papel apenas uma vez'. Está na hora de deixar de lado esse velho preceito e criar algo novo."

Eu não teria tanta pressa para deixar de lado nenhum dos princípios antigos de administração do tempo. Uma mesa de trabalho coberta de papéis pode paralisar sua produtividade e criar protelação na engrenagem. A confusão cria um círculo vicioso. Por um lado, faz você adiar a arrumação dos papéis, mas, por outro, essa mesma confusão e caos em geral contribuem para mais protelação.

Shirley, que trabalhava em uma agência do governo, disse que ela e sua equipe estavam fazendo o trabalho de duas ou mais pessoas com recursos reduzidos e uma equipe de apoio menor. Por isso, os papéis da sua mesa foram se acumulando. Ao ler pela primeira vez o conselho de manusear cada folha de papel só uma vez, no livro de Alan Lakein, *How to Get Control of Your Time and Your Life* (Como controlar seu tempo e sua vida), percebeu que levava tempo demais remexendo nos mesmos papéis. Decidiu, então, aplicar o conselho de Lakein. Fez um cartaz com a frase "Cuide de cada folha de papel apenas uma vez" e prendeu-o na parede acima das pilhas de papel para se lembrar de parar de mexer neles e decidir o que fazer com cada um depois que o lesse.

Os "antigos" princípios de administração do tempo ainda são válidos e não há razão para serem desconsiderados. Mas o problema dos tempos de hoje é que sempre haverá muita coisa para fazer, muita coisa para ler, muitas informações novas para tentar absorver. Esse desafio exige novas regras para nos ajudar a administrar o tempo:

- Você não pode fazer tudo.
- Você não pode ler tudo.
- Você não pode aprender tudo.

Você Não Pode Ler Tudo

Muitas regras dos tempos antigos não se aplicam mais. Por exemplo, no segundo grau sua professora talvez tenha lhe dito: "Não pule palavras. Leia todas as palavras dessa página. Uma por uma!" Nossos avós – talvez até mesmo nossos pais – podiam ler toda a correspondência, todos os memorandos, circulares, jornais, revistas e catálogos que os interessassem. Você não pode. Ninguém pode mais fazer isso hoje. Se você não aceitar esse fato, estará criando uma situação de estresse. Ou você se sente um perdedor porque protela ler todos os jornais que não foram lidos ou, no tempo gasto tentando ler tudo, você se sente um perdedor porque adiou coisas realmente importantes para a sua vida.

Já é hora de você aceitar o fato de que a única forma de ler tudo o que quer é sair da vida ativa, tornar-se um eremita e usar todos os momentos em que está acordado para fazer uma leitura dinâmica. A palavra-chave de hoje é *priorizar*. Selecionar o que é importante para ler e não esquentar a cabeça com o resto.

Papel por Todo Lado

Olhe toda a papelada ao seu redor. Você tem pilhas de papéis, memorandos, projetos, boletins informativos, revistas e correspondência inútil amontoando-se no seu trabalho ou na sua casa? Tem medo de que as gerações futuras de crianças talvez não saibam como são as árvores porque elas estão sendo cortadas e transformadas em papel? Você olha esse amontoado de papéis e perde o ânimo, sem saber por onde começar? Você começa arrumando essa confusão com determinação mas acaba suspirando e de mau humor? Quanto mais as pessoas prevêem que em breve terão um "escritório sem papéis", mais os papéis se acumulam em suas vidas.

Nós já falamos sobre "dar pequenos grandes passos" quando estamos sobrecarregados, mas esse princípio nem sempre funciona quando se trata de selecionar papéis. Não dá para sentar, selecionar e acabou-se o trabalho. Se você não arquivar, jogar fora, reciclar, processar e colocar cada papel no lugar certo, não vai conseguir nada. Acabará tendo de selecionar a pilha toda de novo. O segredo é movimentar-se. Você terá de levantar-se e andar pelo escritório, colocando os papéis nos seus devidos lugares. Adote a seguinte máxima e siga-a com freqüência:

Sente-se e selecione.
Levante-se e distribua.

Se não tiver um lugar para colocar os papéis e arquivos, arranje algum canto *de antemão* para pôr tudo. Mesmo se tiver de colocar seus arquivos em uma caixa de papelão e jogá-la em um armário ou debaixo da mesa ou da cama, pelo menos, quando tiver terminado de selecionar tudo, terá um lugar para guardar suas pilhas de papel.

Muitas Revistas e Pouco Tempo

Agora vem uma de minhas perguntas favoritas, que as pessoas deveriam se fazer pelo menos uma vez por ano: você usaria seu dinheiro ganho com dificuldade para aumentar seu amontoado de papéis? A maioria das pessoas diria: "Não, nunca! Eu detesto essa confusão de papéis. Por que eu pagaria para aumentar isso?"

Bem, é exatamente o que você faz cada vez que assina uma revista que na realidade não quer ou não precisa. Relembre qual é sua reação quando a revista chega pelo correio. Você grita "Oba! Ela chegou! Vou ler antes de cair no sono à noite", ou resmunga "Oh, meu Deus... mais um número da revista. Vou ler depois que conseguir passar os olhos nas que chegaram há seis meses e que eu ainda não encontrei tempo para ler"?

Pergunte-se: "Por que eu comprei essa revista?" Você assinou porque estava interessado nos artigos técnicos? Nas dicas de saúde? Nas receitas? Nas informações sobre investimento? Se foi por isso, tire os artigos de que precisa, arquive-os e jogue fora a revista na sua cesta de lixo amiga ou na lixeira de reciclagem. Você comprou a revista para ler tudo do começo ao fim? Se foi por isso, terá tempo de ler o número inteiro toda semana ou todo mês? Se não tiver tempo, pare e reavalie a situação.

Não seria melhor comprar a revista na loja ou na banca de jornal quando tiver tempo para aproveitar a leitura, em vez de deixar os números se acumularem e sentir-se culpado? Você comprou a revista porque ela tem informações importantes, necessárias para seu trabalho ou hobby? Então crie um lugar para guardar ou arquivar os números e aceite o fato de que não terá tempo de ler tudo do começo ao fim, mas que elas servirão de material de referência.

Herman tinha várias caixas com revistas de eletrônica na sua oficina. Depois que participou do seminário sobre "Como Superar a Protelação", percebeu que não queria mais guardar aquelas caixas, pois precisava do espaço para outras coisas. Ele jogou fora com prazer todos os seus números antigos quando descobriu que a biblioteca

Sua Amiga, a Cesta de Lixo

Para organizar a confusão de papéis, é preciso mudar de atitude com relação à sua cesta de lixo. Ela não é uma inimiga. Na verdade, o ideal é que a encare como uma amiga que precisa ser alimentada e nutrida. Portanto, alimente sua cesta de lixo. Aliás, providencie várias cestas de lixo – uma para cada área onde os papéis se acumulam. Mas não compre as muito pequenas e bonitinhas, a não ser que suas pilhas de papel sejam pequenas e bonitinhas. Um mega-amontoado de papéis exige megacestas de lixo. Várias delas.

Aplique os mesmos princípios aplicados ao "acúmulo" do computador. Comece pelos e-mails desnecessários e antigos, arquivos, diretórios, listas de piadas, jogos e poemas. Quando você aceitar que o seu mundo não vai acabar porque um monte de papéis inúteis foi jogado fora, deixará de ficar desesperado e paralisado, protelando tudo em razão dessa imensa quantidade de material de leitura que entra na sua vida. E terá uma coisa nova à sua frente: a alegria de alimentar sua cesta de lixo.

mantinha um arquivo com toda a coleção da revista que ele assinava. Se você tem espaço para guardar revistas e guarda-as com prazer, muito bem. Nenhum problema. Mas, se estiver pronto para se livrar delas, pense em doar tudo para uma biblioteca, uma escola, um hospital ou consultório médico. Ou simplesmente coloque-as em uma lixeira de reciclagem. Eu não estou sugerindo que você jogue fora revistas importantes, significativas ou de valor sentimental. Só as que estão entupindo a sua vida – números que você sabe que nunca vai ler e de que nunca vai precisar.

Cuidado com os "Colecionadores"

Além de serem colecionadores de papel, os proteladores guardam uma enorme quantidade de coisas altamente estranhas. Quando eles ouvem a pergunta "Por que as pessoas adiam jogar fora seus papéis velhos?", ficam perplexos, porque *não* consideram que sua papelada tenha alguma relação com sua protelação. Eles não estão adiando nada, porque na verdade não pensam em se livrar de papéis velhos, mesmo que sejam inúteis e compliquem a sua vida.

A pergunta tem de ser outra: "Por que as pessoas se prendem a tanta papelada?" E as respostas em geral caem em uma das seguintes categorias:

1. Eu gosto da minha papelada.
2. Eu posso vir a precisar desses papéis.
3. Eu não consigo jogar nada fora.

Mesmo proteladores de carteirinha admitem que seria melhor se eles tivessem menos papéis amontoados na sua vida. Em alguns casos, colecionar papéis tem sérias conseqüências, especialmente quando tanta papelada deixa o companheiro ou companheira do(a) "colecionador(a)" maluco(a). Quando tentam explicar as razões de se prenderem aos seus tesouros, chegam aos poucos à conclusão de que seria melhor se livrarem da papelada. Mas só tomam essa decisão *depois* de explorar as razões para se prenderem aos seus queridos papéis.

Razão 1: Eu gosto da minha papelada

É fato que muitos dos nossos tesouros nos deram uma grande alegria ou preencheram uma necessidade tempos atrás, mas quando temos de tirar o pó e limpá-los ou encontrar um lugar para guardá-los, percebemos que esses arquivos não são mais uma fonte de alegria. Então surge a pergunta: você ainda quer conservar tudo isso?

Quando eu comecei a lutar contra a minha confusão de papéis, descobri que o sentimentalismo é a maldição dos colecionadores de papéis e bugigangas. Se eu estava me divertindo em algum lugar, me obrigava a comprar um suvenir, a guardar um programa ou a entrada, ou a adquirir alguma coisa que me fizesse lembrar daquele bom momento. Eu não estou falando de quadros bonitos pendurados na parede, estou me referindo ao pingüim de plástico que guardei, lembrança do dia em que fui com o meu filho ao jardim zoológico há muitos e muitos anos.

Além disso, eu acumulei uma grande quantidade de livros na minha vida. Raramente passo direto por uma livraria sem parar e entrar, e dificilmente saio sem comprar um livro. Já comprei livros maravilhosos, que me divertiram e me ensinaram valiosas lições de vida, mas também levei para casa, por impulso, alguns que nunca li e que nunca irei ler. No entanto, não tenho coragem de me desfazer deles. O problema é que não tenho espaço para tantos exemplares. E o pior é que – à exceção dos meus livros favoritos e obras de referência, que estão organizados em prateleiras no escritório – os outros volumes ficam espalhados pela casa. Quando comecei a dar fim na minha papelada, descobri que havia mais livros intocados do que eu gostaria de admitir. Nesse momento fiz a mim mesmo as seguintes perguntas:

- Talvez eu tenha gostado desse livro um dia, mas será que ainda gosto?
- Talvez eu tenha precisado desse livro um dia, mas será que ainda preciso?
- Talvez esse livro tenha me alegrado, mas será que ainda me alegra quando tiro a poeira dele, procuro um lugar para colocá-lo e fico desesperada de ter tantas outras coisas ocupando espaço na minha casa? Será que eu realmente quero guardar tudo isso?

Doze Dicas para Diminuir o Caos da Sua Casa

1. Ter convidados de vez em quando para que a casa seja arrumada.
2. Usar o horário em que você vê televisão para organizar suas contas, fazer o orçamento doméstico, dobrar a roupa lavada, selecionar jornais e revistas, e assim por diante.
3. Fazer uma arrumação durante os comerciais.
4. Quando organizar a confusão de uma sala, comece perto da porta e depois vá para a direita, no sentido horário. Se houver alguma interrupção, você poderá recomeçar de onde parou.
5. Não se livrar da papelada e fazer a limpeza no mesmo dia. Você corre o risco de tropeçar nos papéis.
6. Guardar todos os documentos da casa (seguro, garantias, recibos, manuais) juntos em um arquivo, gaveta, caixa ou sacola.
7. Nunca subir as escadas de mãos vazias enquanto houver alguma coisa que precise ser levada.
8. Nunca sair de uma sala de mãos vazias até tirar tudo o que não precise.
9. Olhar por cima do ombro toda vez que sair de uma sala. Pegar os papéis amontoados que você localizou e tirá-los dali.
10. Aprender a delegar poderes.
11. Aprender a ignorar certas coisas. Os relacionamentos são mais importantes que uma compulsão por guardar quinquilharias ou, no extremo oposto, por manter tudo impecável.
12. Contratar alguém para limpar sua casa mesmo que só muito raramente.

Finalmente, trinquei os dentes e comecei a tomar decisões. Se o livro, revista ou qualquer outro objeto fosse ainda precioso para mim, ficava. Se não, seria doado para uma biblioteca ou para alguma instituição que pudesse fazer bom uso dele.

Hoje, alguns dos meus livros – mas certamente não todos – foram doados. Muitos dos meus suvenires foram jogados fora. A maioria das coisas inúteis cheias de poeira foi jogada fora. Mas a minha casa continua decorada com cerâmicas da quarta série dos meus filhos e lindos objetos feitos a mão. Eu estou contente. Ah, sim, o pingüim de plástico continua conosco. E provavelmente sempre continuará.

Razão 2: Eu posso vir a precisar desses papéis

Muitos "colecionadores" apresentam essa razão para qualquer coisa que venha seguida da palavra *velha.* "Algum dia eu posso realmente precisar de... eletrodomésticos velhos, botões, livros, roupas, brinquedos quebrados, pedaços de madeira, pregos enferrujados, cortinas, caixas de fita cassete vazias, latas de filmes, peças de carro e pires descascados do meu jogo de louça." Mas quando foi a última vez que alguém pediu emprestado suas cortinas velhas e desbotadas? Se você não precisou dessas coisas e não precisa delas agora, por que precisaria no futuro?

Se você trabalha com carros e realmente precisa de peças velhas de automóvel, ou se tem algum uso para botões velhos, é diferente. Ou, se guarda uma coisa que tem valor, também é diferente. Mas primeiro procure saber mais sobre esse valor potencial. Talvez descubra que está perdendo tempo e energia para colecionar objetos que daqui a 50 anos lhe darão pouco ou nenhum retorno.

Se nunca precisou de uma dessas coisas velhas que vem acumulando ao longo dos anos, como pode apresentar razões para guardálas? Mesmo que precisasse de uma delas, será que saberia onde está guardada no meio de tanta confusão? Considere a seguinte situação: sua torradeira quebra. Você compra uma nova. O que faz com a velha? Joga fora? Não. Guarda-a em algum lugar... "Porque eu posso vir a precisar dela se a nova quebrar." Mas a velha está quebrada!

O protelador explica: "Bom, eu posso precisar usar uma peça da torradeira velha para consertar a nova." Há alguns anos essa premissa era válida. As pessoas desmontavam o aparelho velho para usar peças no aparelho novo que estava com defeito. Se sua televisão quebrasse, o vizinho ia procurar nos cantos empoeirados da garagem um tubo de um televisor velho, guardado há anos, e a sua televisão voltava a funcionar. Mas essa época passou. Com os aparelhos de alta tecnologia, as peças não são mais intercambiáveis.

Você é do tipo que guarda roupas desbotadas ou rasgadas para usar no dia em que for pintar a casa ou dar banho no cachorro? Nós todos precisamos de uma roupa para fazer essas tarefas, mas ninguém precisa de um guarda-roupa inteiro disso. E as roupas que não lhe cabem mais e que você está guardando para usar "quando emagrecer"? Será que irá usá-las mesmo? Será que ainda estarão na moda? Se você se esforçar para perder peso e ficar esguia e magra, não vai querer – e merecer – roupas novas e maravilhosas?

Outro exemplo. Você guardou suas anotações e livros da faculdade, do colégio ou de seminários passados dos quais participou porque seus filhos ou alguém "poderia usá-los um dia"? Tente imaginar seu filho adolescente remexendo em uma pilha de papéis velhos, empoeirados e amarelados, notas ilegíveis e livros escolares com fotos de gente com corte de cabelo esquisito e, finalmente, dizendo: "Puxa, obrigado, vai me ajudar muito."

Você pode hesitar em dar fim a essas coisas porque acredita que, assim que jogar fora um papel, vai precisar dele no dia seguinte. Bem, e se você precisar um dia de uma coisa que jogou fora? Ou que desejaria que ainda estivesse guardada? Há a possibilidade de substituí-la, se for necessário. Quando você considerar descartar uma coisa, pergunte-se se seria difícil substituí-la. Quanto custaria comprar uma outra? Depois pese o custo da substituição (na *chance remota* de precisar disso um dia) contra o tempo, a energia e a preocupação investidos para guardar coisas... que talvez nunca vá precisar.

Sim, nós todos conhecemos aquele sentimento de frustração quando guardamos durante três anos uma antiga revista sobre jardinagem e, no dia seguinte que a jogamos fora, um amigo telefona pedindo-a emprestada. Você pode acalmar essa apreensão dizendo a si mesmo: "Eu adoraria resolver os problemas de todo mundo, mas não posso guardar todas as coisas que cruzam o meu caminho porque alguém, em algum lugar, algum dia, poderá precisar delas."

Quando você experimentar a sensação de liberdade ao jogar fora coisas velhas e perceber que o mundo não acabará por isso, será mais fácil descartar-se dessas velharias sem a preocupação de um dia vir a precisar delas.

Razão 3: Eu não consigo jogar nada fora

Essa parece ser a razão principal de as pessoas acumularem tanta quinquilharia. Elas não se importam com as coisas nem acham que precisarão delas um dia, mas simplesmente não conseguem jogar nada fora. Se a idéia de jogar fora alguns dos seus pertences lhe causa aflição, não desista. A primeira coisa a fazer é investigar a razão.

"Você não sabe o que foi ser criado durante a depressão", me disseram alguns proteladores. Ou então: "Eu venho de uma família muito pobre."

Se os tempos difíceis voltarem à sua vida, você acha mesmo que irá sustentar sua família com 12 ferros de passar quebrados? Se tem vontade de se livrar dessas coisas, mas apesar de todas as tentativas não conseguiu, pense em pedir ajuda profissional.

Suas velharias lhe dão uma sensação de segurança financeira? Prender-se a coisas velhas que você detesta simplesmente porque elas "podem" ser valiosas um dia não faz sentido. Use uma abordagem mais construtiva. Comece hoje o hábito de depositar mensalmente algum dinheiro em uma poupança. Você ficará tão contente com as finanças ampliadas e a conseqüente sensação de segurança que talvez consiga desfazer-se de algumas coisas que lhe serviam de "cobertor de segurança".

Dizendo Adeus à Confusão

Se você estiver pronto para se livrar de velharias, aqui vão algumas idéias para facilitar o seu modo de "descarte". Primeiro, verifique o que deve ser jogado fora e o que deve ser guardado. Se você se sente seguro e confortável com seus pertences, eles provavelmente não são inúteis: são tesouros. Preserve-os. Encontre uma boa maneira de guardá-los ou de colocá-los à vista. Mas seja honesto a respeito dos seus sentimentos. O que lhe dava conforto talvez não seja mais uma fonte de segurança. Talvez tenha se tornado quase um problema.

A coleção de bonecas e bichos de pelúcia de Jessica aumentou tanto ao longo dos anos que se tornou um verdadeiro estorvo. Ela parou para pensar e percebeu que cada boneca tinha uma história especial, uma lembrança que ainda lhe era preciosa; portanto, resolveu guardá-las dentro de sacos plásticos para que não pegassem poeira. Depois tentou limpar os bichos de pelúcia, mas não conseguiu. Então decidiu livrar-se deles, com exceção de três, pois a maioria estava desbotada e com aspecto de sujo. Ponto para Jessica.

Como se Livrar das Suas Velharias

Em geral, quando os participantes do meu seminário discutem essas idéias, começam a reconhecer que um ambiente amontoado de coisas acarreta um pensamento confuso e o pensamento confuso acarreta a protelação. Então decidem (finalmente!) começar a se livrar de suas velharias. A questão é como fazer isso.

Há dezenas de formas de tirar os objetos inúteis da sua vida sem realmente ter de jogar esses tesouros em uma lata de lixo. Afinal, se você é um "colecionador", pode ir na ponta dos pés até o lixo às duas horas da manhã e resgatar tudo o que foi jogado fora.

Uma forma realmente satisfatória é escolher uma instituição de caridade e doar esses artigos. Algumas organizações consertam brinquedos e móveis quebrados, outras não. Algumas se interessam apenas por roupas, enquanto outras recebem óculos velhos, livros, ração de animais de estimação, selos carimbados ou rótulos de latas de sopa. Procure o telefone dessas instituições nas Páginas Amarelas e ligue para saber que tipo de coisas elas recebem. Entre em contato com igrejas, bibliotecas ou organizações não-governamentais para localizar uma instituição que tenha utilidade para seus objetos velhos. Reciclando essas coisas, você não só ajuda os outros e a si mesmo como faz um favor à Mãe Terra.

Dicas para Livrar-se da Confusão

Livre-se dos seus guardados se:

- você sempre os detestou
- você não consegue encontrá-los quando precisa deles
- estão quebrados ou obsoletos (e consertar é inviável)
- não satisfazem mais sua necessidade
- têm tamanho errado, cor errada ou estão fora de moda
- você tem de limpá-los, guardá-los, não servem para muita coisa nem lhe dão prazer
- usá-los lhe traz mais desvantagem que vantagem
- você realmente não se incomodar de nunca mais vê-los.

Guarde os artigos se:

- você se sente feliz com eles
- eles o ajudarem a ganhar a vida
- têm um significado emocional ou valor espiritual para você
- você os considera úteis
- têm valor de mercado significativo (não adianta guardar um gibi durante 50 anos para conseguir pouco mais de dez reais por ele)
- forem de grande valor para a próxima geração.

Se você decidiu doar alguns objetos, mas ainda tem muito apego a eles, empacote-os em sacolas e caixas e guarde-os em um armário. Seis meses depois, leve essas caixas e sacolas para a organização que escolheu. Não olhe dentro das caixas. Se você não precisou dessas coisas nos últimos meses, não precisará mais.

Chame um Amigo que Não Seja "Colecionador"

Se você tem vontade de fazer uma limpeza nos seus guardados, mas reluta em começar, provavelmente está subestimando um dos recursos mais maravilhosos que estão à sua disposição: seus amigos. Você se surpreenderia ao saber que nem todo mundo guarda e acumula coisas velhas. Se pedir ajuda, provavelmente descobrirá que muitos deles adoram jogar coisas fora e ficariam felizes de ajudar você a fazer o mesmo.

PRESENTES, PRESENTES E MAIS PRESENTES

Você adoraria jogar fora aquele berimbau que fica no canto da sala ou o porta-retratos com moldura colorida e purpurina, mas não consegue porque foram seus pais que lhe deram e eles notariam se seus presentes não estivessem à vista quando fossem à sua casa? Às vezes não há muita coisa a fazer, mas, se você tiver bastante intimidade com a pessoa que deu o presente, pode tentar dar alguma explicação. Isso requer muito tato e, mesmo assim, você pode magoar alguém que ama. Se o presente já foi ganho há alguns anos, você pode explicar que está na hora de renovar a decoração, substituindo alguns objetos.

Já que se desfazer de um presente feio ou indesejado pode ser uma coisa delicada, é muito melhor tomar medidas preventivas e tentar evitar ganhá-los. Quando lhe perguntarem o que você deseja ganhar de aniversário, não responda "nada". Afinal, só há duas possibilidades diante de uma resposta como essa. Ou não lhe dão nada mesmo, o que é uma boa, a não ser que você não estivesse falando sério (admita que você fica um "pouco" magoado quando não ganha nada, não é verdade?), ou lhe dão algum presente que acham que irá lhe agradá-lo. Talvez agrade, se você tiver sorte. Caso contrário, você terá mais um objeto para acrescentar às coisas que já estão se amontoando na sua casa. É melhor aceitar o fato de que as pessoas *querem* presenteá-lo e gostariam de saber o que você deseja ganhar.

Patricia Connelly, terapeuta de casais e de família, teve uma brilhante idéia quando completou 60 anos. Como não queria mesmo ganhar muitos presentes, pois já tinha tudo de que precisava na casa, pediu que os amigos levassem alimentos não-perecíveis. No dia seguinte à festa, ela entregou as dezenas de quilos que arrecadou para uma instituição de caridade. Uma idéia excelente.

Quando lhe perguntarem o que você gostaria de ganhar, *diga.* Se não perguntarem, dê um jeito de saberem que você gostaria de dar umas sugestões. Seja específico. Faça uma descrição do que deseja e diga em que loja você viu esse artigo.

Se não quiser roupas nem objetos para a casa, peça:

- uma massagem ou um dia num spa
- um jantar ou um *brunch*
- entradas para um show ou uma peça teatral
- um livro (que depois você possa dar para um amigo ou para uma biblioteca)
- uma contribuição para sua obra de caridade favorita.

Não se sinta infeliz quando pessoas bem-intencionadas que gostam de você lhe dão presentes inúteis ou feios. Para aprender a se desfazer do que não quer mais e a ganhar tudo com prazer, terá de se comunicar de forma criativa e gentil com aqueles que gostam de presenteá-lo.

Cada passo que você dá para superar a protelação lhe traz uma grande sensação de liberdade. Controlar seus papéis velhos e sua bagunça, em geral, lhe dá mais força para administrar seu tempo e sua vida. Você notará também que seu passo ficará um pouco mais leve à medida que você segue sua jornada.

Dicas para Evitar Acúmulo de Papéis

- Use a cesta de lixo.
- Jogue fora tudo que não é necessário.
- Dê uma olhada no material assim que ele chegar.
- Não verifique correspondência inútil, simplesmente jogue tudo fora.
- Passe para a pessoa apropriada quaisquer papéis que possam ser usados por ela e por outros.
- Encontre um lugar para tudo que vale a pena guardar e ponha os papéis nos seus devidos lugares.
- Saiba que o mundo não vai acabar se você se livrar de alguma coisa.
- Recicle os papéis.
- Pergunte-se: Eu realmente quero guardar esse papel? Eu realmente quero usar meu precioso espaço com tanta papelada?

Pensamentos a Serem Considerados

A vida não é ter e adquirir, é ser e fazer.

Autor desconhecido

Deve haver coisas mais importantes na vida do que ter tudo.

Maurice Sendak

Abundância não é o que temos, mas o que aproveitamos.

John Peit-Senn

As melhores coisas da vida em geral não são coisas.

Autor desconhecido

Até você viver em paz consigo mesmo, nunca estará contente com o que tem.

Doris Mortman

Se nós não pudermos fazer grandes coisas, podemos fazer pequenas coisas de forma grandiosa.

Autor desconhecido

Enquanto estamos adiando, a vida passa correndo.

Sêneca

Motivação é quando seus sonhos vestem roupas de trabalho.

Hal Roach

Você deve fazer a coisa que acha que não consegue fazer.

Eleanor Roosevelt

> Se eu não usei isso em um ano, não pode ser vital para meu estilo de vida.
>
> *Rita Emmett*

CRÉDITO EXTRA

Dê uma olhada nas suas velharias (não as do "outro") nos seguintes lugares:

- quintal
- carro
- sala de estar
- cozinha, inclusive na pasta de receitas
- sala de jantar
- banheiro, inclusive no armário de remédios
- quarto
- garagem
- porão/sótão
- quarto de guardados
- gavetas e armários
- closets
- mesa de trabalho
- estante de livros
- cofre
- bolsa/carteira
- pasta.

Essa coisa é realmente importante? Você precisa dela? Pode viver sem ela? Quer guardá-la? Quer arranjar um espaço para ela? Quer olhar para ela? Quer viver com ela? Quer limpá-la? Decida agora.

CRÉDITO EXTRA, EXTRA

Passe 15 minutos por dia na próxima semana separando seu amontoado de papéis, depois jogue alguns fora, arquive, responda, decida ou recicle o resto.

Faça isso!

9
Dinheiro e Bom Senso

Talvez você se surpreenda ao saber que a protelação pode ter um tremendo impacto no seu bolso. Por outro lado, a mera menção de dinheiro faz com que muita gente se transforme, imediatamente, num protelador. Há quem adie até mesmo a idéia de pensar em finanças. Você planeja há meses abrir uma poupança, investir seu dinheiro num fundo ou fazer um plano de previdência privada? Sua declaração de imposto de renda é sempre deixada para a última hora?

Vários anos atrás, Eddie estava desenvolvendo um negócio de sucesso no mercado de telecomunicação e me pediu um conselho, pois sempre adiava a entrega do seu imposto de renda. Suspirava e dizia: "Eu sei abrir um negócio, entrar no mercado, lidar com as pessoas e vender meu produto. Mas tenho tal horror a essa época de declaração de imposto de renda que deixo tudo para a última hora." Eddie estava exausto e irritado de procurar pela casa a papelada necessária para fazer a declaração. Contou que, na primeira reunião que teve com seu contador, levou todos os recibos em uma sacola de supermercado e o contador caiu na risada.

Uma Cura para a Angústia da Declaração de Imposto de Renda

Como muita gente que tem horror a fazer a declaração anual de imposto de renda, Eddie deveria começar a seguir a máxima: "Um lugar para tudo e tudo no seu lugar." Ele já tinha arquivos para guardar suas contas e recibos, pois se precisasse deles ao longo do ano poderia encontrá-los. Seus problemas começaram com os papéis variados que começaram a se acumular no meio de janeiro: notas fiscais das compras da empresa, recibos de juros pagos e juros recebidos, extratos bancários, artigos e memorandos com dicas de impostos. Esses papéis acabaram espalhados por toda a casa.

Parte do problema de Eddie é que ele não tinha espaço para um escritório em casa e seu negócio estava crescendo a passos largos. Com muito otimismo, ele me disse que, como tinha dois filhos de vinte e poucos anos, sem dúvida eles estariam saindo de casa em breve e o quarto dos rapazes poderia ser transformado em um escritório. Eu não tive coragem de lhe dizer que muitos jovens não têm mais tanta vontade de sair de casa e alguns "crescem e se multiplicam" e acabam voltando para a casa dos pais.

Eddie decidiu enfrentar seu problema de protelação por diversas razões:

- Estava cansado das piadas e indiretas dos seus irmãos e amigos sobre sua declaração de imposto de renda de última hora.
- Queria que seus sócios o levassem a sério. Ele não se sentia "profissional" quando estava correndo feito um louco para entregar a declaração a tempo.
- Tinha mais possibilidade de cometer erros e esquecer detalhes importantes se deixasse para o último minuto a entrega da sua declaração.
- Detestava pagar multas e cobranças por atraso.

Eddie criou, então, um plano para organizar seus papéis para o imposto de renda. De início, jogou tudo dentro de uma caixa, que podia ser guardada em um armário ou até mesmo debaixo da cama. O conteúdo da caixa ainda precisava ser selecionado e organizado na época da declaração, mas pelo menos os papéis estavam todos em um lugar. Depois, ele passou a usar uma caixa com grandes envelopes etiquetados, como se fosse um fichário, e com o tempo substituiu-a por uma caixa com arquivos pendurados, comprados em uma loja de material de escritório. (Você devia adquirir o hábito de fazer umas incursões a lojas de material de escritório para ver que artigos são oferecidos para tornar a vida mais fácil ou mais bem organizada.)

Além disso, Eddie reservou um horário para trabalhar nos seus impostos. Quando os papéis começavam a se acumular, meses antes do prazo, ele começava a mexer nos papéis. Agora, é ele quem decide quando vai querer enviar a declaração completa. Quer você recorra a um especialista em declaração de imposto de renda, quer faça a declaração por conta própria, deve criar o hábito de preparar tudo com antecedência. Para ter motivação, imagine uma recompensa maravilhosa ao terminar a tarefa.

O Alto Custo dos Juros

Os proteladores podem sofrer um impacto negativo nas finanças quando pagam multas por atraso. Isso inclui os juros abusivos cobrados quando você esquece de verificar seu saldo e entra no cheque especial. Atrasar, ocasionalmente, o pagamento de um cartão de crédito ou de uma conta de luz, ou a devolução de um vídeo da locadora, não tem um efeito grave nas suas finanças. Mas, se você fizer disso um hábito, as multas por atraso farão com que seu dinheiro – ganho a duras penas – vá para o brejo.

Some todas as multas pagas por contas atrasadas durante um ano e veja se o total é significativo o suficiente para você tentar superar isso. Anna vivia dizendo que queria zerar todos os seus cartões de crédito, mas havia sempre alguma coisa que tinha de comprar. O saldo conjunto dos seus três cartões permanecia em torno de 10 mil reais por ano. Parecia que nada conseguia motivá-la a parar de fazer compras com os cartões, e ela justificava seu hábito dizendo: "Os juros mensais não são tão altos assim." Mas, na verdade, Anna nunca tinha realmente parado para analisar de quanto eram os juros. Pagava o valor mínimo porque gastava mais do que podia pagar por mês.

Até que um dia fez as contas e percebeu que o dinheiro pago com juros – cerca de 10% ao mês – daria para fazer uma viagem de uma semana no fim do ano – um sonho que ela considerava além das suas possibilidades. De repente, sentiu-se motivada. Cortou um dos três cartões e, mesmo assim, sempre deixava o segundo na gaveta da mesa-de-cabeceira. Deixar o cartão em casa eliminava seu "impulso" de comprar. O outro, que levava na carteira, era usado somente em postos de gasolina e supermercados. Depois de quase um ano, ela optou por um cartão de débito, pois não gostava de ter muito dinheiro vivo na bolsa.

Anna estabeleceu uma programação realista para pagar suas contas, enxugar suas compras, simplificar seu estilo de vida e ser mais objetiva com relação ao que comprava. Em dois anos livrou-se das dívidas e permanece assim há anos. O melhor de tudo é que ela economizou o dinheiro que teria sido gasto com juros e fez sua viagem dos sonhos ao Caribe.

Da mesma forma que pequenas quantias de dinheiro vazando pelos buracos causados por protelação podem chegar a altas somas com o tempo, pequenas quantias de dinheiro poupadas regularmente também podem alcançar valores substanciais.

Reembolso de Despesas Profissionais

Você protela a apresentação dos recibos de despesas a serem reembolsadas por sua empresa? Se fizer isso, acumula juros sobre tudo que gastou, mas não será reembolsado por eles. Esse é mais um buraco nas suas finanças por onde o dinheiro pode vazar. Comece a tapar o vazamento identificando em que parte desse processo está o seu problema. Você espera semanas ou mesmo meses para cobrar suas despesas com táxis, almoços e viagens a trabalho, e então não consegue mais se lembrar de metade do que deveria ter incluído ou que recibos deveria estar procurando? Simples. Você está precisando de um lugar para guardar os recibos e papéis à medida que eles forem se acumulando e de um sistema para organizá-los.

Pergunte aos seus colegas o que eles fazem para se manterem organizados e descubra como apresentam as despesas que não têm recibo, como gorjetas. Em seguida, inclua na sua lista de coisas a fazer "Preencher formulários de despesas" e marque uma certa hora na sua agenda (toda sexta-feira às dez da manhã, por exemplo) para cuidar dessa tarefa. Se a dificuldade for encontrar e juntar os recibos, crie um lugar para guardá-los – pode ser um fichário, uma caixa ou um envelope. O que importa é ter um lugar para colocar os recibos.

Depois que esse sistema estiver em funcionamento e você tiver estabelecido um sólido hábito de organizar suas despesas, não se esqueça de pensar em uma recompensa para si mesmo quando o trabalho estiver completo.

Estratégia de Poupança

Você pode fazer um plano de poupança para sair de férias, para dar entrada em um carro novo ou para comprar sua casa própria. Pode ser um plano para custear a faculdade dos seus filhos ou para garantir uma aposentadoria confortável. Qualquer que seja sua meta, a chave da questão é decidir viver abaixo da sua renda de forma a lhe sobrar dinheiro para ser investido. Talvez você só possa investir uma pequena quantia de início, mas, se poupar regularmente, ao longo do tempo ela aumentará. É claro que qualquer plano de poupança lhe dá mais dinheiro do que plano nenhum.

Quando Michael era menino, adorava brincar de banco imobiliário. Quando voltou para casa com o primeiro dinheiro que ganhou por cortar a grama da vizinha, disse para a mãe todas as coisas que planejava comprar, e ela falou: "Por menor que seja a quantia, junte o dinheiro primeiro." Ensinou-o a criar um plano de poupança, depois o ajudou a pôr o plano em prática. Quando ele juntou dez reais em seu cofrinho, os dois pegaram todas as moedas e abriram uma conta de poupança. Sua mãe continuou a lembrá-lo que ele devia "juntar o dinheiro primeiro", não importando o que queria comprar. Eles se tornaram uma dupla constante – Michael e a mãe –, fazendo pequenos depósitos na poupança.

Durante toda a faculdade Michael trabalhou, sempre separando uma certa quantia do seu salário (por menor que fosse) para uma poupança. Quando precisava muito de dinheiro vivo, a poupança estava ali para resolver seu problema.

Com pouco mais de 20 anos, ele e sua noiva, Danielle, tinham dinheiro para dar entrada na compra de um pequeno apartamento, basicamente devido ao hábito de poupança de Michael. Hoje, o casal tem dois filhos, e Danielle trabalha meio expediente para poder ajudar nas finanças da família. Ficou mais difícil economizar porque parece nunca haver dinheiro suficiente para pagar as contas. Mesmo assim, Michael e Danielle retiram todo mês de seus salários 90 reais e colocam em um fundo de investimento.

Muitos amigos deles não têm poupança alguma porque acham que não vão conseguir investir grandes quantias no estágio de vida em que se encontram. Mas Michael e Danielle acreditam que o investimento de 90 reais é viável mesmo nesse período de baixa renda e altas despesas. Eles acreditam que suas finanças irão melhorar quando os meninos estiverem na escola e Danielle puder trabalhar em horário integral. E, quando a renda aumentar, eles pretendem aumentar a quantia que investem mensalmente.

O consultor financeiro Robert Jackway fez uma projeção para Michael e Danielle. Mesmo se eles não aumentarem a quantia poupada, em 20 anos terão investido cerca de 21 mil reais.

Considerando uma taxa de juros anual de 10%, o valor chegaria a 63 mil reais.

Se Michael e Danielle decidissem esperar cinco anos para começar a poupar os 90 reais por mês, acumulariam apenas 33 mil em 15 anos de poupança — uma perda de quase 30 mil, considerando a taxa de juros de 10% ao ano. Ou seja, protelar uma poupança custa caro.

Este capítulo não pretende oferecer uma consultoria financeira. Simplesmente mostra como você pode aplicar os princípios para superar a protelação, controlando suas contas pessoais e realizando suas esperanças e metas de uma segurança financeira.

Pensamentos a Serem Considerados

A forma mais segura de dobrar seu dinheiro é dobrá-lo uma vez e colocá-lo no bolso.

Kim Hubbard

Algumas dívidas dão prazer quando estão sendo adquiridas, mas nenhuma dá prazer quando está sendo paga.

Ogden Nash

Dívida é a pior pobreza.

Thomas Fuller

Como nossa vida é diferente quando sabemos o que é mais importante para nós e, com isso em mente, buscamos todo dia ser e fazer o que é realmente mais importante.

Stephen R. Covey

O arrependimento das coisas que FIZEMOS pode ser aliviado com o tempo, mas o arrependimento das coisas que NÃO FIZEMOS é irremediável.

Ralph Waldo Emerson

Nunca gaste seu dinheiro antes de recebê-lo.

Thomas Jefferson

Depois que você toma uma decisão, o universo conspira para que ela aconteça.

Ralph Waldo Emerson

CRÉDITO EXTRA

1. Você protela suas questões financeiras? Se protelar, que questões são essas?______________________________

____

____

2. Você está contente com o total da dívida que tem? Deseja mudar isso?__________________________________

____

____

3. Você está contente com o seu plano de poupança? Deseja mudar isso?__________________________________

____

____

4. Quais são as suas metas financeiras para este ano? ________

____

____

5. Quais são as suas metas financeiras para daqui a cinco anos?

____

____

6. Você precisa estar junto de alguém (marido, esposa, contador ou consultor financeiro) para dar essas respostas? __________

____

____

10
De que os Sonhos São Feitos

Nós protelamos um mundo de coisas grandes e pequenas – serviços domésticos, compra de presentes, telefonemas, pagamentos, prazos, mudança de emprego, etc. Mas uma das coisas que mais protelamos são nossos sonhos. Escondidos em um canto de nossos corações estão aquele diploma da faculdade, aquelas aulas de música, aquela montanha que íamos escalar ou aquele livro que íamos escrever. Tudo isso é adiado até... algum dia.

Quando você persegue seus sonhos, encontra uma fonte ilimitada de energia e entusiasmo. Quando não os persegue, sente uma enorme tristeza e está sempre imaginando "O que teria acontecido se eu tivesse...". Conforme escreveu John Greenleaf Whittier:

> *"Pois de todas as palavras tristes*
> *da língua, ou da escrita,*
> *As mais tristes são:*
> *'Poderia ter sido.'"*

Barbara, que dá assistência a grupos da terceira idade, diz que, raramente, as pessoas na fase final da vida arrependem-se das coisas que fizeram, por mais idiotas ou loucas que tenham sido. Mas arrependem-se do que nunca tentaram fazer, dos sonhos que nunca perseguiram.

Quando você embarcar na sua jornada para superar a protelação, verá que começa a conquistar pequenos sucessos aqui e ali. Aproveite-os. Orgulhe-se deles. Aproveite para examinar a forma como você está vivendo. Se durante esse levantamento sentir um vazio, pode ser porque protelou a escolha da direção que quer que sua vida tome. Perdeu-se no tumulto do dia-a-dia e deixou de reservar um tempo para diversão, alegria, relacionamentos e metas futuras. Vá direto ao ponto: O que você valoriza? O que a palavra "conquista" significa para *você?*

- Você é casado, solteiro ou tem o status familiar que queria? Isso é uma conquista.
- Você está trabalhando ou passando seu tempo de lazer do jeito que escolheu? Isso é uma conquista.
- Você está criando seus filhos para serem seres humanos civilizados? Isso é uma *verdadeira* conquista.
- Você adquiriu as habilidades que sonhou possuir? Isso é uma conquista.
- Você tem os amigos ou a família que quis ter? Sorte sua – isso é uma grande conquista.
- Você sobreviveu a um divórcio, à morte de um ser querido, a uma doença, a um revés financeiro ou à perda de um emprego com sua sanidade mental e auto-estima intactas? Tudo isso são conquistas.

Qual o Caminho a Seguir?

Quando andamos acelerados pelo ritmo frenético do dia-a-dia, sempre nervosos e estressados, devemos parar e:

- rever nossos valores
- ligar-nos mais às pessoas
- decidir a direção de nossa vida e como queremos gastar nosso tempo, nosso dinheiro e nossa energia

- cuidar de nós mesmos e recarregar as baterias
- dar espaço para o amor na nossa vida.

Quando você relê a lista das 101 coisas que vem adiando, percebe que vem adiando seus relacionamentos, esperanças e sonhos, a hora de se divertir, de relaxar, de ter alegrias — enfim, a própria vida? Meu comediante favorito, Hal Roach, em geral termina seu show com a frase "Viva cada dia como se fosse o último... e um dia você acertará em cheio!".

Sua vida está passando em uma velocidade tão fantástica que você não tem tempo de aproveitar nada? Por que toda essa pressa? O que você está querendo conquistar? Quando as coisas vão melhorar? Quando você vai começar a gozar a vida?

Manutenção ou Enriquecimento?

Toda lista de coisas a fazer ajuda a planejar suas ações, o que por sua vez proporciona melhor uso de seu tempo livre, fato que ajuda na escolha do caminho que sua vida vai seguir. Os itens da sua lista tratam, em geral, de coisas que podem ser incluídas nas seguintes categorias: manutenção ou enriquecimento.

Os trabalhos de *manutenção* são aqueles que precisam ser feitos para que sua vida corra suavemente. Muitos deles têm de ser repetidos todo dia, toda semana ou todo mês: cozinhar, limpar, pagar as contas, lavar roupa.

As atividades de *enriquecimento*, de longo ou de curto prazo, são aquelas que você faz por escolha, não porque "precisa" fazer. Você geralmente sabe se fez uma coisa enriquecedora quando sua vida parece ficar... mais rica. Coisas como ler um bom livro, visitar um amigo, aprender a ter jogo de cintura, viajar para algum lugar por prazer, ir a um concerto ou a uma peça de teatro, visitar o jardim botânico, decorar sua casa. Vale qualquer coisa que faça com que você se sinta feliz e aproveite mais a vida. É preciso desfrutar aquela sensação agradável de conquista e satisfação. Sentir-se com as baterias carregadas.

Eu posso quase ouvir você dizer: "Mas eu tenho tantos trabalhos de manutenção que não me sobra tempo para as coisas enriquecedoras que desejo fazer." Alegar que não tem tempo para nada é uma desculpa para protelar as coisas. Se todo o seu tempo é gasto com manutenção e não lhe sobra tempo para enriquecimento, é preciso repensar suas prioridades e, quem sabe, mudar sua forma de pensar e planejar. Na verdade, quanto mais acelerada sua vida se torna em função de trabalho e responsabilidades, mais você precisa reservar um tempo para enriquecê-la.

Se você se sente sobrecarregado ou tão exausto que não consegue encontrar energia para fazer nada, precisa tirar um tempo para visitar um amigo, andar de bicicleta, pescar, meditar, ir a um museu, dar uma caminhada. Como conseguir isso? O truque é aprender a mesclar as coisas prazerosas que você *quer* fazer com as coisas importantes que *tem* de fazer.

Você Está no Limite da Exaustão... Ou do Tédio?

Muitas vezes eu vi pessoas saudáveis dizerem que estão exaustas demais para fazer alguma coisa e tive vontade de perguntar se elas não estariam entediadas. No dia em que fiz essa pergunta, uma mulher me mostrou uma longa lista de coisas a fazer e disse: "Entediada? Como eu posso estar entediada? Tenho de correr o dia inteiro para fazer tudo isso." Eu perguntei, então, se havia alguma coisa na lista que ela fazia com prazer e a resposta foi "não". Ela estava sobrecarregada de trabalhos chatos e tarefas caseiras. Tinha coisas demais para fazer, mas estava entediada.

Quando você percebe que os dias, as semanas ou os meses se passaram e nada do que fez foi estimulante, provavelmente o tédio está batendo à sua porta. E o tédio é depressivo. Na verdade, ele é mais exaustivo do que cavar uma trincheira.

Se for esse o caso, está na hora de usar a lista de coisas a fazer. Que tal começar (ou retomar) um hobby, um artesanato, um esporte? Quem sabe, voltar a tocar um instrumento musical, sair ao ar livre e respirar ar puro, encontrar-se com os amigos — enfim, fazer alguma coisa (qualquer coisa) que enriqueça sua vida e, nesse processo, recrie sua energia. Como diz o Dr. Norman Vincent Peale, autor de *O Poder do Pensamento Positivo*: "O entusiasmo cria energia."

É provável que muitas vezes você tenha pensado que seria ótimo encontrar velhos amigos ou mesmo passar um tempo com sua família e com aqueles que são especiais na sua vida... mas não faz nada disso. A solução é não pensar e sim agir. Escreva na sua lista que precisa entrar em contato com pessoas que são importantes para você. Dessa forma, estará acrescentando um pouco de prazer a um dia fadado a tarefas entediantes e se sentirá energizado. Poderá então voltar às suas tarefas diárias com uma nova satisfação e uma atitude mais afetuosa, atenta e generosa.

Há um tempo para executar as tarefas de manutenção e um tempo para deixá-las de lado. Lembre-se de que, quando essas tarefas forem completadas, haverá sempre uma lista de outras à espera para serem feitas. Mas nem sempre há outro amanhã para passar com sua família e seus amigos, portanto não adie os momentos de ligação com eles, de divertimento, relaxamento ou prazer.

Encontrando Tempo para Realizar Seu Sonho

Mesmo olhando os itens da sua lista de manutenção e enriquecimento e criando prioridades, talvez você *ainda* se pegue dizendo: "Eu não tenho tempo para realizar meu sonho!" Talvez não tenha mesmo. Mas talvez – quem sabe? – você possa encontrar algum tempo para perseguir seu sonho.

O sonho não é o tipo de coisa que se pode escrever em uma "Lista de coisas a fazer hoje". Os sonhos em geral envolvem vários segmentos diferentes: pesquisar, aprender, juntar, planejar, estabelecer, fazer. Comece respondendo às seguintes perguntas:

- Eu posso subdividir meu sonho em partes menores?
- Eu tenho algum tempo disponível para atender a algum deles?

Nós falamos sobre a sobrecarga de trabalho – e o conseqüente desespero que isso gera – no capítulo 6. Os sonhos também nos deixam desesperados, mas, quando começamos a fazer uma lista de todas as pequenas tarefas que eles envolvem, talvez encontremos pelo menos uma tarefa viável. Anthony Robbins, um dos meus autores e palestrantes favoritos, diz: "É no momento de decisão que seu destino é moldado." Talvez você não tenha tempo para aprender a tocar piano agora, mas pode tentar arranjar tempo para comprar um piano, mandar afinar o seu ou começar a procurar um bom professor. O mesmo acontece se seu sonho é tornar-se um escritor. Você pode encontrar tempo para tomar aulas de redação criativa, para sentar diante do computador e anotar suas idéias, ou para fazer marketing dos seus escritos.

Dê uma olhada no seu sonho. Escreva uma lista de pequenos passos a serem dados para você começar a persegui-lo. Depois procure formas de encontrar mais tempo para realizar seu sonho.

Faça bom uso do seu tempo de lazer

Pense como seu tempo de lazer é gasto – especialmente o tempo de relaxamento, e isso inclui o sono. A maioria dos médicos diz que o adulto necessita em média de sete a oito horas de sono por noite, embora essa necessidade varie. Quantas horas você dorme? Às vezes você dorme porque está entediado e não porque está cansado?

Quantas horas você passa vendo televisão? Se vê televisão toda noite durante três horas e meia, serão 24 horas e meia por semana e 105 horas por mês. Mais uma vez, eu posso ouvi-lo dizer: "Mas espere um instante. Eu trabalho muito! Será que não mereço relaxar um pouco?" É claro que merece.

Além das técnicas para superar a protelação e administrar o tempo, eu ensino técnicas de administração do estresse. E nesse mundo altamente estressante relaxar é imperativo para uma boa saúde mental e física. Mas quando você tenta encontrar tempo para perseguir seu sonho, veja bem quanto tempo está usando por mês com atividades de lazer e questione: "Será que preciso mesmo de 105 horas por mês de relaxamento?"

Eu não estou de forma alguma advogando que deva desistir do seu relaxamento, mas se você pensar na quantidade de tempo que passa liberando sua tensão é possível que arranje umas duas horas por semana para perseguir seu sonho.

Aproveite seu tempo a caminho do trabalho

Aqueles que gastam muitas horas no ônibus, no metrô ou no avião para chegar ao trabalho talvez possam usar esse tempo de forma construtiva. Até quem vai para o trabalho dirigindo seu carro pode usar um gravador ou um aparelho de CD para tornar esse tempo mais útil. O autor Scott Turow, um advogado muito ocupado, escreveu o livro *Acima de Qualquer Suspeita* e vários outros best-sellers enquanto viajava de trem para o trabalho.

Cassidy, vice-presidente de uma empresa, estava planejando passar as férias na Alemanha. Seis meses antes da viagem ela comprou um conjunto de CDs "Aprenda a falar alemão" para ouvir no carro. Disse que tinha de tocar um CD várias vezes antes de passar para outro, mas conseguiu razoável domínio da língua quando saiu de férias.

Joyce, uma garçonete que detesta seu trabalho, começou a usar seu tempo livre para vender produtos de beleza em festas de amigos. Ela aproveita o tempo gasto no ônibus no trajeto de casa até o restaurante para ouvir fitas de marketing, negócios e motivação.

Joyce planeja largar o emprego no final do ano e investir na carreira de vendedora.

> Nunca reclame do tempo perdido
> a caminho do trabalho.
> Encontre uma forma de fazê-lo
> trabalhar a seu favor.

Passe Sua Experiência Adiante

Depois que você começar a superar seu hábito de deixar tudo para depois, pode começar a dividir suas técnicas e seus sucessos com um amigo ou alguém da família.

Quando minha amiga Julie e três colegas desceram de mula até a base do Grand Canyon, sua filha adolescente, Anna, disse: "Puxa, você fala desse seu sonho desde que eu era criança. Talvez um dia meus sonhos se realizem também." De todos os presentes que damos aos nossos filhos ao longo da vida, esse é um dos maiores – mostrar que os sonhos deles podem se realizar.

Há gente que pede meu conselho sobre como fazer com que outras pessoas parem de protelar as coisas. Talvez ajude explicar certos conceitos deste livro. Ou encorajá-los a ler o livro. Compreendendo por que as pessoas protelam, talvez você aprenda a lidar de forma mais construtiva com seus amigos, filhos ou companheiros que deixam tudo para depois. Mas a decisão de parar de adiar tem de ser feita pelo próprio protelador.

Crie a Vida que Você Deseja

Mesmo as pessoas que não protelam têm aquela carta secreta que pretendem escrever ou aquele closet que precisa de uma limpeza.

Ninguém é perfeito, mas uma coisa é certa: os antiproteladores conseguem o que é importante para eles.

Para Katie, executiva de uma grande corporação, a diferença entre o protelador e o antiprotelador está na sua capacidade de controle. Quando ela costumava adiar as coisas, tudo parecia fora do seu controle. Ela tinha medo de assumir mais responsabilidade no emprego porque achava que nunca terminaria o que esperavam que ela fizesse. Via o prazo escoar-se e ficava com dor no estômago. Quando sabia que tinha de dar um telefonema difícil, as palmas da sua mão ficavam suadas.

Hoje a insegurança acabou. "As coisas da minha vida que não foram realizadas são aquelas com as quais eu posso conviver", diz Katie. "E as coisas realmente importantes são realizadas, pois eu as considero prioritárias. Às vezes tenho de usar todas as técnicas, todos os truques, mas faço tudo o que tiver de ser feito."

Como Katie, você também pode parar de adiar as coisas e retomar o controle da sua vida, o que lhe dará uma maravilhosa sensação de confiança. E, quando estiver mais confiante, será capaz de enfrentar tarefas maiores, como perder peso, parar de fumar, parar de beber em excesso, parar de jogar, ou outras situações negativas da sua vida. Cada sucesso leva a um sucesso ainda maior; pequenas conquistas levam a grandes conquistas.

É claro que mesmo quando você deixa de protelar nunca chegará à perfeição. Terá altos e baixos, como em qualquer outro aspecto da vida. As pessoas que trabalham com pensamento positivo, que tentam melhorar sua espiritualidade ou aumentar sua auto-estima, sentem às vezes que melhoraram enormemente e atingiram suas metas, mas têm também dias de retrocesso e sensação de fracasso.

Haverá dias em que você sentirá que nem conhece a palavra *protelação*, pois está fazendo tudo a tempo e a hora. E em outros dias irá dizer: "Oh, não... eu estou adiando as coisas de novo!"

Não entre em pânico. Não desanime. Se achar que está voltando para a protelação, leia as seguintes idéias e volte ao caminho certo. E sinta-se confiante para criar outras por conta própria.

- Para começar, fale em voz alta sobre suas preocupações. Diga para alguém: "Como você sabe, eu me tornei uma pessoa altamente produtiva e organizada, mas nos últimos tempos tenho voltado à minha antiga mania de deixar as coisas para depois e detesto isso." Descreva o que você vem adiando e decida o que precisa fazer para conseguir superar isso.
- Volte ao início deste livro para "recarregar sua bateria". Alguma coisa que você marcou ou sublinhou pode ser o pontapé inicial de que você precisa.
- Tente fazer uma lista.
- Pense em uma recompensa que possa lhe dar motivação.
- Determine se é apenas o início do trabalho que você está temendo.
- Faça esse trabalho durante uma hora e ligue o despertador ou o *timer* da cozinha antes de começar.
- Escreva algumas mensagens motivadoras, como um recado na geladeira dizendo "Termine o trabalho!" ou um cartão na sua carteira dizendo "Lute por excelência, não por perfeição".
- Explore os medos que podem estar detendo você.
- Subdivida o trabalho em tarefas menores.
- Encontre uma forma de tornar seu trabalho mais agradável. Tente trabalhar com música, ao ar livre, ou com um amigo.
- Mergulhe em uma meta positiva. Acabe com as desculpas e com todas as limitações que você se impõe.

Principalmente, não se repreenda. Se você estiver fora dos trilhos, retornará a eles. Uma das maiores chances da minha vida, agora que sou uma proteladora regenerada, é que eu não espero mais sair de um estresse ou de uma crise para poder finalmente ser feliz. Eu parei de adiar a felicidade "para mais tarde" e estou amando e vivendo a vida em toda a sua plenitude. Você também pode fazer isso.

Você pode mudar suas velhas formas de protelação. Não se esqueça da Lei de Emmett: O medo de realizar uma tarefa consome mais tempo e energia do que a própria tarefa. Vá em frente e comece a criar a vida que você deseja. Você merece ter uma grande vida!

Pensamentos a Serem Considerados

Os três grandes requisitos para uma vida feliz são:
uma coisa para fazer,
uma coisa para amar,
uma coisa para esperar.

Joseph Addison

Algumas pessoas têm grandes caminhos já construídos para elas. Se você tem, SIGA EM FRENTE. Se não tem, pegue uma pá e construa o seu.

Amelia Earhart

"Pois eu sei os planos que tenho para você", diz o Senhor,
"Planos para torná-lo próspero e não para prejudicá-lo;
Planos para lhe dar um futuro e uma esperança."

Jeremias 29:11

Metas são sonhos com um prazo.

Dottie Walters

O que você é foi uma dádiva de Deus;
O que você faz com sua vida
É sua dádiva para Deus.

Autor desconhecido

Aquele que avança com confiança na direção dos seus próprios sonhos e se esforça para viver a vida que imaginou terá um sucesso inesperado nas horas comuns.

Henry David Thoreau

Se você estiver sempre se perdendo no trabalho, pode ter certeza de que está seguindo o caminho certo na vida.

Autor desconhecido

Nós estamos fazendo mais em menos tempo, mas por onde andam os relacionamentos ricos, a paz interior, o equilíbrio, a confiança de que estamos fazendo o que é importante e fazendo isso bem?

Stephen R. Covey, A. Roger Merrill e Rebecca R. Merrill

CRÉDITO EXTRA

(Duas perguntas provocadoras e um poema)

1. Que contribuição você deseja dar a este mundo?
2. Como o fato de você ter vivido aqui torna este mundo um lugar melhor?

Conte suas noites pelas estrelas, não pelas nuvens
Conte seus dias pelos sorrisos, não pelas lágrimas
E em toda manhã de aniversário
Conte sua idade pelos amigos, não pelos anos.

Autor desconhecido

Conheça outros importantes títulos da Editora Sextante:

David Niven

OS 100 SEGREDOS DAS PESSOAS FELIZES

Não existe a menor dúvida: ser feliz é o desejo de todo ser humano. Mas o que é ser feliz e como fazer para atingir a felicidade com que todos sonhamos?

Baseado nas pesquisas e estudos de cientistas junto a milhares de pessoas, o psicólogo e cientista social Dr. David Niven organizou a lista dos cem segredos mais simples que são realmente capazes de tornar as pessoas felizes.

Esses segredos estão aqui colocados de forma interessante e com exemplos que vão nos fazer identificar as situações descritas e compreendê-las. Assim, você irá compreender as diferenças entre as pessoas felizes e as pessoas infelizes, e irá saber o que fazer para aproveitar melhor a vida.

OS 100 SEGREDOS DAS PESSOAS DE SUCESSO

Cada um de nós tem um objetivo na vida, um desejo que pretende realizar. Os sonhos mudam, mas todos nós temos a mesma vontade de atingir nossas metas.

Mas o sucesso, muitas vezes, é confundido com fama e dinheiro. Ouvimos histórias de pessoas que se tornaram famosas antes dos 20 anos ou que ganharam seu primeiro milhão aos 30 e achamos que esse é o único caminho para a felicidade. Não é.

Nesse livro o autor apresenta, de forma simples e agradável, os cem segredos das pessoas de sucesso. Cada segredo vem acompanhado de um exemplo real e de um conselho que você deve colocar em prática se realmente quer “chegar lá”.

Bob Nelson
FAÇA O QUE TEM DE SER FEITO

"Simples, inteligente e prático, este livro mostra aos empregados como atingir o céu e usar a iniciativa que não sabiam que estava lá. Acreditar no seu potencial é o futuro!"

Dr. Stephen R. Covey, autor de
Os 7 Hábitos das Pessoas Altamente Eficazes

Fazer o que precisa ser feito por sua própria conta, e não apenas seguir ordens, é a marca registrada da excelência profissional.

Com conselhos breves, diretos e surpreendentes, Bob Nelson mostra o que cada um de nós precisa fazer para assumir as rédeas do seu emprego, da sua carreira e da sua vida.

Este livro é uma ferramenta inspiradora e motivadora tanto para diretores e gerentes, quanto para empregados, um recurso útil para qualquer departamento de recursos humanos e um inestimável investimento para todos que desejam vencer na vida.

Hugh Prather
NÃO LEVE A VIDA TÃO A SÉRIO

A vida não precisa ser tão complicada quanto insistimos em torná-la. A simples decisão de não se agarrar aos problemas pode melhorar – e muito – nossas vidas. É isso o que Hugh Prather nos mostra, com humor e clareza, neste livro.

Ele escreve sobre as dificuldades do dia-a-dia e nos dá ferramentas para contorná-las, mudando o que há de mais importante na vida: nossa atitude mental.

Seus ensinamentos são baseados em histórias reais que nos deixam com a sensação de já ter passado por aquela situação ou testemunhado algo parecido. Você aprenderá soluções práticas para dar um basta às preocupações e ao medo, e se libertar de tudo aquilo que impede sua felicidade.

Allan e Barbara Pease

POR QUE OS HOMENS MENTEM E AS MULHERES CHORAM?

Por que os homens mentem? Por que eles acham que têm de estar sempre com a razão? Por que evitam se comprometer? E as mulheres, por que choram para conseguir o que querem? Por que insistem num assunto até a morte?

Com base em pesquisas e estudos científicos, os autores de *Por que os Homens Fazem Sexo e as Mulheres Fazem Amor?* – que vendeu mais de 6 milhões de exemplares ao redor do mundo – explicam o comportamento sempre imprevisível do "outro sexo". De forma clara e bem-humorada, eles respondem às nossas principais dúvidas e apresentam soluções práticas para tornar a convivência entre homens e mulheres mais prazerosa.

POR QUE OS HOMENS FAZEM SEXO E AS MULHERES FAZEM AMOR?

"Este livro é leitura obrigatória para todos os homens e mulheres que se amam, se odeiam ou simplesmente convivem. Você vai aprender sobre si, sobre o sexo oposto e como melhorar seus relacionamentos."

Dr. Denis Waitley, autor de *Impérios da Mente*

Neste livro você vai conhecer os importantes avanços da ciência da evolução humana e como suas descobertas se aplicam ao relacionamento entre homens e mulheres. Serão apresentadas algumas conclusões perturbadoras e controvérsias vão surgir, mas vamos nos reconhecer, entender melhor muitas coisas e, certamente, aprender a conviver melhor.

Tim Sanders
O AMOR É A MELHOR ESTRATÉGIA

Você está à procura de uma estratégia para ser, ao mesmo tempo, feliz e bem-sucedido na carreira ou nos negócios?

Tim Sanders criou um método revolucionário, que vai mudar sua forma de ver o mundo e abrir novas e promissoras perspectivas para a sua vida. Para ele, não é preciso matar ou morrer para ter sucesso. O amor é a melhor estratégia para quem quer construir um futuro melhor.

A mágica está na simplicidade de seu método, apoiado em três pilares: conhecimento (que você acumula com sua experiência e, principalmente, através da leitura), rede de relacionamentos (os amigos e contatos que já possui, mas que tem de cultivar) e compaixão (o calor humano que é capaz de transmitir aos outros).

Ao desenvolver e compartilhar esses valores, você se torna uma valiosa fonte de informação, uma pessoa bem relacionada e generosa, alguém que lidera em vez de apenas seguir ordens, um profissional cheio de idéias, contatos e amigos. Um vencedor.

Cheryl Richardson
SUA VIDA EM PRIMEIRO LUGAR

Quando quer entrar em forma, você pode contratar um *personal trainer* para fazer um programa exclusivo de exercícios e lhe dar motivação nos momentos difíceis. Não seria maravilhoso ter alguém ao seu lado para organizar toda a sua vida?

Pois esse profissional existe: é o *personal coach*, um treinador pessoal que se debruça sobre seus problemas e ajuda a planejar o futuro de acordo com os seus interesses.

Neste livro, Cheryl, a mais conceituada especialista americana nesta área, vai ajudar você a organizar suas finanças, definir suas prioridades e assumir o controle total da sua vida!

Outros títulos da Editora Sextante:

Bradley Trevor Greive
– Um Dia "Daqueles"
– Querida Mamãe, Obrigado por Tudo
– O Sentido da Vida
– Em Busca do Príncipe Encantado
– A Incrível Verdade sobre as Mães

Max Ehrmann
– Desiderata – Um Caminho para a Vida

Jack Canfield e Mark Victor Hansen
– Histórias para Aquecer o Coração
– Histórias para Aquecer o Coração 2
– Histórias para Aquecer o Coração das Mães
– Histórias para Aquecer o Coração das Mulheres
– Histórias para Aquecer o Coração dos Adolescentes

Oriah Mountain Dreamer
– A Dança
– O Convite

Iyanla Vanzant
– Enquanto o Amor não vem
– Esperando o Amor Chegar
– Ontem, Eu Chorei
– Um Dia Minha Alma se Abriu por Inteiro

Dalai-Lama
– O Caminho da Tranqüilidade
– Uma Ética para o Novo Milênio
– Minha Terra e Meu Povo
– Palavras de Sabedoria

ECKHART TOLLE
– O Poder do Agora

Informações sobre os próximos lançamentos

Para receber informações sobre os próximos lançamentos da Editora Sextante, queira entrar em contato com nossa Central de Atendimento, dando seu nome, endereço e telefone para:

Editora Sextante

Rua Voluntários da Pátria, 45 – Gr. 1.404 – Botafogo

22270-000 – Rio de Janeiro – RJ

Tel.: (21) 2286-9944 – Fax: (21) 2286-9244

DDG: 0800-22-6306 (ligação gratuita)

E-mail: atendimento@esextante.com.br

Para saber mais sobre nossos títulos e autores, e enviar seus comentários sobre este livro, visite o nosso site:

www.sextante.com.br

PAPEL

CHAMOIS-BULK alta performance alcaline

Impresso em papel Chamois Bulk Alta Performace Dunas 90g/m² da Ripasa S/A, fabricado em harmonia com o meio ambiente.